KB164722

관·개

인간관'계'가 아닌 인간관'개'를
맺고 사는 당신에게

FORM A
RELATIONSHIP

관ː개

인간관'계'가 아닌 인간관'개'를
맺고 사는 당신에게

강동윤 지음

BREAK A
RELATIONSHIP

당신은 왜 하필 많고 많은 책 중에 이 책을 집어 든 것일까. 혹시나 인생이 바뀔만한 거창한 뭔가를 바라고 왔다면, 큰 기대는 안 하는 것이 좋다. 인간에 대한 기대는 인간을 서글프게 만드는 법이니까. 나 역시 어릴 때부터 수많은 기대를 하고 살아왔건만, 그 기대는 90% 이상 나를 배신했다. 나의 기대는 인간관계(가족, 친구, 연인 등)에 대한 기대, 따뜻한 사회에 대한 기대, 꿈과 희망으로 가득 찬 세상에 대한 기대 같은 것들이었다.

어린 날의 나는 사람을 좋아하고 사람에 대한 기대가 컸던 아이였다. 하지만 학창시절 매일 오가는 욕지거리와 약자를 향한 괴롭힘은 나를 혼란스럽게 만들었다. 반 친구들이 모여 있는 교실은 야생동물들이 우글거리는 정글과도 같았다. 약육강식 사회의 축소판이라고나 할까. 그 정글에서 나는 철저한 약자였다. 그래서 괴롭힘을 당했고, 그 괴로움을 온전히 혼자서 버텨내야 했다. 그러나 버티면 버틸수록 자존감은 곤두박질쳤고, 무언가에 의지하려는 마음만 더욱 커져갔다.

반의 실세를 거머쥔 녀석들은 나와 같은 걱정을 할 필요가 없었다. 그들은 내가 기대했던 참사람의 모습이 아니었다. 약자 편에 서는 친구, 정의로운 친구, 힘들 때 서로 도움을 주고받을 수 있는 친구 그리고 그런 친구들이 모인 곳이 내가 기대하는 학교이자 사회였다. 그러나 언제나 그래왔듯이, 그러한 기대는 처참히 짓밟혔다. 나는 우리 반이, 반의 구성원이 비정상이라고 생각했다.

괴롭힘을 버티고 있던 2010년 12월이었다. 주말에 친구와 운동을 하러 가는 길에 갑자기 의식을 잃고 쓰러졌다. 깜짝 놀란 친구는 즉시 119로 전화했다. 잠시 후 구급대원들이 도착하여 길바닥에 쓰러져 있는 나를 들것에 실어 응급실로 이송했다. 눈을 떠보니 병원이었고, 옆에는 가족들이 와있었다. 마음이 아팠다. 나 때문에, 내가 약해서, 부모님께 걱정을 끼치고 말았다. 평소 과도한 스트레스가 쌓여 있었는데, 등교하지 않는 주말에 잠시 긴장을 풀어버린 것이 실신의 원인이었다. 다행히 큰 부상은 없어서 바로 집으로 돌아왔다. 이후 안정을 위해 3일 동안 결석했는데, 그 기록은 모교 학생기록부에 여전히 남아있다.

나는 선택을 해야 했다. 자퇴를 할 것인지, 아니면 계속 학교를 다닐 것인지. 야생동물들 때문에 남들 다하는 졸업을 못 한다면, 훗날 얼마나 큰 후회를 하겠는가. 심사숙고 끝에, 학교를 마저 다니기로 결정했다. 부모님도 내가 졸업하길 원하셨다. 1년만 버티면 대학에 갈 수 있었다. 그래서 남은 1년간 이를 악물고 버텨냈다. 이런 생각을 하면서 말이다.

'이 친구들은 정상이 아니야. 제대로 된 녀석들이 하나도 없어. 그래! 졸업하고 대학만 가면 더 좋은 세상, 더 나은 사람들이 날 기다리고 있을 거야.'

그토록 기다렸던 고등학교 졸업식 날, 나를 반겨주는 친구들은 없었지만 너무 기쁜 나머지 환호성을 질렀다. 다시는 이 친구들을 안 봐도 된다는 생각에 기분이 날아갈 것 같았다. 이제는 대학생활의 설렘만이 남아있었다. 적어도 그때는 그렇게 생각했다.

그런데 맙소사! 내가 너무 순진했던 것일까. 대학생활마저 내 기대를 저버리고 말았다. 나를 괴롭히는 사람들은 없었지만, 무심하리만큼 서로가 서로에게 관심이 없었다. 학기 초에 급격히 친해진 친구들이 꽤 있었지만, 그것도 잠깐이었다. 어설픈 인간관계가 지속될 때마다 나는 나 자신에게 환멸을 느꼈다. 친구가 있으나 마나 외로웠고, 또 외로웠다. 끊임없이 위로받길 원했고, 내 마음을 알아주는 사람을 찾으려 애썼다. 그러나 내 입맛에 맞는 사람은 도무지 찾을 수 없었다. 그때는 몰랐다. 인간관계가 자꾸만 어설프고 힘들었던 까닭은, 내가 만든 틀에 나를 가두고 있었기 때문이라는 사실을.

사실, 나를 아껴주는 사람들은 이미 충분히 가까운 곳에 있었다. 그러나 당시에는 그 사실을 전혀 인지하지 못하고, 계속해서 내 아픈 모든 것을 한꺼번에 치유해 줄 슈퍼히어로 같은 사람을 원했다. 하지만 애석하게도, 슈퍼히어로는 현실에 존재하지 않았다. 때문에 그런 사람, 그런 관계를 원하면 원할수록 점점 스스로 만든 늪에 빠져들었다.

2012년 12월, 깊은 고독에 잠겨있던 내 마음은 결국 산사태처럼 무너져내렸다. 심각한 우울증에 걸려버린 것이다. 요즘은 우울증이 마음의 감기라고 불릴 정도로 흔한 병이 돼버렸지만, 그때 당시만 해도 사회적으로 이해받기 힘든 정신병으로 여겨졌다.

"우울증? 그런 게 어디 있냐? 다 네가 마음이 약해빠져서 그런 거야." 가족을 제외한 대부분의 사람은 병 자체가 아니라 나에게 문제가 있다고 말했다.

나 역시 그렇게 생각했다. '나는 인간관계에 문제가 있는 사람이구나. 더 이상 이 세상 사람들과 공존할 수 없겠구나.' 산속에 들어가서 살지 않는 이상, 앞으로 수많은 사람을 상대하며 관계 맺고 살아가야 하는데, 더 이상 그럴 자신이 없었다. 사람 대하는 것이 무서웠고, 앞으로 살아갈 날이 두려웠다.

"마음이 자살했다."

이게 뭔 헛소리냐 싶겠지만, 실제로 그때 내가 가족들에게 했던 말이며, 당시 내 마음 상태를 가장 완벽하게 표현해주는 말이다. 내 마음은 정말 자살했었다. 이제는 몸 차례였다. 완전히 겁에 질려 삶의 의지를 잃어버린 나는, 진짜 자살을 결심했다. 당장 컴퓨터를 켜고 그것을 실행하기 위한 구체적인 방법을 검색했다.

첫 번째, 수면제. 과거에는 수면제에 들어있는 어떤 성분 때문에 목숨을 잃는 것이 가능했으나, 수면제로 자살을 시도하는 사람이 워낙 많다 보니 요즘은 그러한 성분을 잘 쓰지 않는다고 한다. 게다가 의사의 처방전이 없으면 약국에서 구매할 수 없단다. 패스.

두 번째, 투신. 당시 살던 곳은 아파트 14층이었다. 그곳에서 머리부터 떨어지면 즉사할 터였다. 베란다 난간에 올라섰다. 밑을 내려보았다. 무서운 건 둘째 치고 한겨울이라 날씨가 엄청나게 추웠다. 두려움보다 추위로 몸이 부들부들 떨렸다. 너무 추워서 다시 방으로 들어간 뒤, 보일러를 틀고 따뜻하게 자리를 잡고 누웠다. 패스.

세 번째, 분신. 몸에 기름을 붓고 불을 붙여서 타죽는 방법이다. 그런데 이 방법을 쓰면, 인간이 신체적으로 느낄 수 있는 고통의 최고치인 작열통(灼熱痛)이란 것을 느끼게 된다고 한다. 이왕 죽는다면, 안 아프게 죽고 싶었다. 패스.

　네 번째, 익사. 일단 물에 빠지면 숨을 쉴 수 없다. 화생방을 겪어본 사람들은 알겠지만, 숨을 제대로 못 쉬는 고통도 어마어마하다. 그리고 앞서 이야기했듯이, 한겨울이라 물이 상당히 차가웠다. 패스.

　다섯 번째, 할복. 평소 엄살이 심해서 주사 맞는 것도 무서워하는데, 어떻게 칼로 내 배를 찌를 수 있겠는가. 찌른다 해도 한 방에 죽을 리가 없기에 여러 차례 찔러야 하는데, 그 고통은 또 어찌 감당하랴. 패스.

　여섯 번째, 농약. 마음만 먹으면 충분히 구할 수 있었을 것이다. 하지만 농약을 마신다고 해도 즉사하는 것이 아니라, 긴 시간 동안 배앓이를 하며 천천히 고통스럽게 죽어간다고 한다. 왜 이렇게 고통스러운 죽음이 많은 것인가. 패스.

　마지막 일곱 번째, 안락사. 편하게 가고 싶었다. 영화나 드라마에서 등장인물이 약물을 스스로 주입하고 죽는 장면을 보았다. 그런데 현실적으로 그런 것을 구할 방도가 없을뿐더러, 설령 찾을 방법을 안다고 해도 당연히 비쌀 것이기에 살 수 없을 터였다. 집안 형편이 넉넉한 것도 아니고, 아직 스무 살밖에 안 된 대학생이라 구매력이 부족했기 때문이다.

　'아….' 깊은 탄식이 우러나왔다. 편하게 죽는 것도 내 마음대로 할 수 없었다. 결국, 나는 죽는 것을 포기했다. 사는 것도 포기했다. 죽기와 살기를 포기하면 남은 것은 하나, 아무것도 하지 않는 것이었다. 화장실을 가거나 정말 허기져서 잠깐 음식을 먹을 때를 제외하고는, 나는 3달 가까이 방에 누워만 있었다. 그 모습은 마치 산송장과도 같았다. 살아있어도 살아있다고 할 수 없는, 거의 죽은 것과 다름없는 인간의 상태를 본 적 있는가?

침대에서는 악취가 나기 시작했고, 어머니는 밤마다 대성통곡하셨다. 이러고 있으면 안 된다는 것을 알았지만 모든 의욕을 잃어버린 나는 아무것도 할 수 없었다. 내 몸과 마음은 정체를 알 수 없는 검은 우울의 그림자에 의해 완전히 잠식돼버린 것이었다. 그렇게 시간은 아주 천천히, 그리고 무심히 흘러갔다. 어느새 봄바람이 불어오고 있었다.

결론적으로, 나는 잘 살아있다. 내가 죽었다면 당신은 이 글을 볼 수 없었을 테니까. 내 나름의 대인관계기술도 생겨서, 지금은 타인과의 관계로 인한 스트레스를 거의 받지 않는다. 나 자신과의 관계도 더욱 돈독해졌다. 더불어 멘탈도 튼튼해졌다. 내가 어떻게 극심한 우울증을 극복하고 세상 밖으로 나올 수 있었는지는 뒷부분에서 이야기를 이어가도록 하겠다. 중요한 것은 나도 살아있고, 당신도 살아있다는 사실이다.

나는 극한의 정신적 고통과 지독한 외로움 속에서 너무나 많은 것을 배웠다. 우울증으로 인해 학교 수업이 아닌 인생 수업을 배웠고, 병을 이겨낸 뒤에는 학교 공부보다 사람 공부를 더 중시하게 되었다(타인뿐만 아니라 '나'란 사람에 대한 공부도 포함한다). 정신적으로 엄청난 아픔을 겪었지만, 끝내 그 아픔을 딛고 일어서서 길고 긴 터널을 빠져나왔다. 삶의 근본이 흔들려본 사람은 알 것이다. 아픈 만큼 성숙한다는 사실을.

치열한 삶 속에서, 복잡한 인간관계 속에서, 당신이 현재 어떤 상황에 처해 있는지는 모르지만, 당신의 내면에는 그 상황을 충분히 헤쳐나갈 힘이 있다. 그 사실을 믿어라. 당신의 문제를 해결해줄 열쇠는 당신이 쥐고 있다. 그러므로 이 책이 모든 것을 해결해줄 것이라는 기대는 하지 마라. 이 책은 나의 값진 경험을 바탕으로 마땅히 옳다고 여기는 방향을 제시해줄 뿐이다. 당신을 위한 답은 오직 당신만이 찾을 수 있다는 사실을 기억하라.

하늘이 나를 죽도록 내버려두지 않은 이유는 내가 아직 세상에 할 일이 남아있기 때문일 것이다. 당신도 마찬가지다. 당신의 심장이 아직 뛰고 있다는 것은, 당신이 해야 할 일이 남아있다는 뜻이다. 그 일이 무엇인지는 함께 고민하고 함께 찾아보자. 그 과정에서, 반드시 명심해야 할 점이 있다. 바로 인간관계의 개(dog)가 되지 않는 것이다(여기에는 타인과의 관계뿐 아니라, 자신과의 관계도 포함된다).

관계의 개, 즉 '관개'는 낮은 자존감·피해망상 등과 같은 개인의 심리적 요인 또는 사회적·외부적 압박으로 인해 주변 사람들과 주체적인 관계를 맺지 못하고, 본인의 의지와 상관없이 늘 끌려다니는 관계를 말한다. 또, '엉망진창인 관계'를 '관개'라 봐도 무방하다.

당신은 자기 자신을 포함한 주변의 수많은 사람과 '관계'를 맺고 있는가, '관개'를 맺고 있는가? 후자라면, 나와 함께 관개를 박살 내러 가자.

| 목차 |

제3장 지피(知彼), 타인을 알고, 세상을 알다

지피지기(知彼知己) 백전불태(百戰不殆).
"상대를 알고 나를 알면 백번 싸워도 위태롭지 않다."

'지피지기 백전백승(知彼知己 百戰百勝)'으로 알고 있는 사람들이 많지만, '백전백승'은 원래 없는 말이다. 본말은 《손자병법(孫子兵法)》에 나온 '지피지기 백전불태(知彼知己 百戰不殆)'다. 이 문장이 수천 년이 지난 지금까지도 널리 회자되는 것을 보면, 명문장 중 명문장이라고 할 수 있지 않을까. 필자는 이 오래된 구절이 시대를 초월하여 인생의 매우 중요한 지혜를 담고 있다고 생각한다. 역사적으로도 삶의 난관을 극복하고 험한 세상을 물 흐르듯 유연하게 헤쳐나간 모든 위인은 자신과 자신 이외의 것(세상, 타인, 사물)들을 제대로 파악하여 행동에 옮긴 사람들이었다.

지피지기를 몸소 실천한 우리나라의 대표적인 인물로는 이순신 장군을 꼽을 수 있다. 그는 탁월한 리더십으로 조선의 수군을 이끌고 전투마다 승리를 거두며 나라를 지켜낸, 명실상부 국가 최고공로자 중 한 명이다. 불과 13척의 배로 무려 10배나 되는 130여 척의 적군을 격파한 그 유명한 명량대첩은 인간의 능력을 가히 초월했다고밖에 할 말이 없다.

하지만 승리 또는 성공에는 반드시 그에 걸맞은 이유가 있는 법이다. 이순신 장군은 날카로운 통찰력과 뛰어난 안목으로 적의 동태와 자기 군의 강약점(强弱點)을 정확하게 파악하고 있었다. 덕분에 어떤 전투에서든 상황에 맞는 최상의 전략을 구상해냈다. 그는 철저한 전략을 바탕으로 아군의 입지를 탄탄하게 다져놓았고, 이미 결정된 사안은 일사천리로 실행에 옮김으로써 조선 수군이 갖출 수 있는 최상의 상태를 구축했다. 그러니 어느 군이 감히 상대가 될 수 있었을까. 제아무리 수가 많고 단련된 왜군일지라도, 조선 삼도수군통제사(三道水軍統制使)의 강력한 군대 앞에서는 오합지졸에 지나지 않았던 것이다.

한산도대첩의 학익진 또한 그의 지피지기 전술을 잘 보여주는 좋은 예다. 그는 한산도의 지리적 이점을 미리 파악한 후, 언제 어디서 어떻게 적을 격파할 것인지 구체적인 작전을 세우기 시작했다. 적군이 위치한 곳은 주변이 좁고 암초가 많아 아군의 배가 활동하기에 불리하다고 판단한 이순신 장군은, 먼저 판옥선(板屋船) 몇 척으로 적을 유인하여 아군이 진을 치고 있는 한산도 앞바다로 모여들도록 만들었다. 적군이 그의 예상대로 움직여 사정권에 들어오자, 거북선을 포함한 모든 아군의 배가 학이 날개를 펴듯 적선을 둘러싸서 공격을 퍼부었다. 맹수가 먹잇감을 사냥하듯 때를 기다리고 있다가, 자신의 영역에 들어오면 인정사정없이 물어뜯는 이순신 장군이었다.

결과적으로 적군은 전멸했고 한산도의 전투는 진주대첩, 행주대첩과 함께 임진왜란의 3대첩으로 불리고 있다. 그는 상대를 알고 자신을 아는 명장(名將) 중의 명장이었던 것이다.

상대를 알고 나를 알면, 즉 지피지기를 실천하면 나라까지도 구할 수 있다는 것이 이순신 장군을 통해 입증되었다. 손자병법의 이 구절이 얼마나 멋진 말인지 이제 좀 감이 오는가? 우리 같은 보통사람들도 이 말을 실천한다면 인간관계의 시행착오를 줄이고 각자의 인생에서 유의미한 성취를 거둘 수 있다고 확신한다.

그러나 이렇게 멋진 구절에도 한 가지 아쉬운 점이 있다. 지피(知彼)와 지기(知己) 중 무엇이 더 중요한가에 대해 그 누구도 말해주지 않는다는 점이다. 적을 아는 것(지피)과 나를 아는 것(지기) 중 무엇이 더 중요할까? 무엇이 더 먼저일까? 당신은 어떻게 생각하는가? 물론 둘 다 중요하다. 이건 마치 오른손이 더 중요한가, 왼손이 더 중요한가와 같은 질문일 수도 있다. 그렇지만 오른손잡이에겐 오른손이 더 요긴하게 쓰이듯 필자가 살아온 인생의 관점에서 본다면 지기, 즉 나를 아는 것이 더 중요하다고 말하고 싶다.

내가 어떤 사람인지 알면 삶의 중요한 문제에 직면했을 때 나에게 맞는 해결책을 찾기 수월하다. 내가 어떤 사람인지 알면 어떤 유형의 인간과 상황이 나를 힘들게 하는지 제대로 파악할 수 있다. 내가 어떤 사람인지 알면 내 행복에 최적화된 환경을 찾을 가능성이 높아진다. '관개'의 위험으로부터 스스로를 보호할 수 있다. 세상을 지혜롭게 살아갈 수 있다. 그렇다. 내가 어떤 사람인지 아는 것은 내 인생의 방향을 잡아준다.

나를 정의하는 실제 요소들을 파악한다면 관계의 시행착오를 줄이는 동시에 '진짜 나'의 모습으로 살아갈 수 있다. '진짜 나'를 알고 타자를 파악(지피)하여 관계를 유연성 있게 만들어나간다면 인간관계도 그리 어렵지 않다는 것이 필자의 생각이다. 모든 관계의 핵심은 '나를 아는 것'에서부터 시작한다는 것을 꼭 기억하길 바란다.

이 책은 크게 세 장으로 나누어져 있다. 1장은 사람들의 심리와 특성을 관찰·분석하기 좋아하는 필자가 주변 사람들을 만나고 부딪치면서 느낀 '사람의 마음'에 대하여 이야기할 것이다. 필자가 겪은 생생한 경험담과 함께 보통사람들이 무슨 생각을 가지고 이 세상을 살아가는지를 제3자의 시각으로 바라볼 수 있는 재미있는 장이 될 것이다. 물론 필자의 내면을 깊숙이 관찰하여 느낀 마음에 대해서도 상세히 알려줄 것이다. 2장에서는 당신이 현재 어떤 환경에 놓여있고 어떤 사람인지 생각해볼 수 있는 지기에 관하여, 3장에서는 세상과 타인 그리고 인간관계를 파악하는 지피에 관하여 다뤄볼 것이다.

유의할 점은 당신의 경험이 필자의 경험과 같지 않다는 점이다. 따라서 당신의 생각은 얼마든지 필자의 생각과 다를 수 있다. 이 책은 모든 현상에 딱딱 맞아떨어지는 인간관계의 절대적인 기술을 가르쳐주는 책이 아니다. 그런 기술은 필자도 모른다. 심오한 병법서처럼 사람의 심리를 파고드는 거창한 책은 더더욱 아니다. 이 책은 그저 순진하기만 했던 필자가 험난한 세상에서 살아남기 위해 발버둥 치다가 깨달은 것들, 그리고 복잡한 인간관계를 겪으며 느꼈던 모든 경험을 모아 마음의 밑바닥부터 써내려간 글들의 집합체다. 그 깊은 어둠을 느껴보지 못한 사람은 한 인간의 고뇌를 고찰할 수 있을 것이고, 느껴본 사람은 필자의 인간관에 공감할 수 있을 것이다. 무엇보다 자신의 인간관계에 대하여 진심으로 깊이 있게 생각해보는 계기가 될 것이다. 각자 삶의 방식과 겪어온 일들은 다 달라도, 큰 맥락으로 보면 사람 사는 이야기는 모두 비슷하지 않을까?

인간사의 그 큰 맥락에서 그리고 당신의 인간관계에서, 지피지기 백전불태를 다시 한번 상기시켜 부디 잊지 않길 바란다. 필자가 세상을 보고, 듣고, 배우고, 가슴으로 느꼈던 값진 경험과 그것에 대한 생각이 대인관계에 갈증을 느끼는 당신에게 시원한 이온음료와도 같은 도움이 되길 바라며, 본격적으로 나의 이야기를 시작하겠다.

제1장

인심(人心),
사람의 마음

사람의 마음이란 어렵고도 어렵구나
하지만 오늘 밤엔 잠을 자자 푹 자자

-장기하와 얼굴들 〈사람의 마음〉 가사 中-

01

표리부동,
알 수 없는 사람의 마음

* 표리부동(表裏不同): 겉과 속이 같지 않다는 뜻으로, 속마음과 다르게
말하거나 행동하는 것을 말한다.

중학교 3학년 때의 일이다. 그 시절의 나는 사람들의 주목을 받기만
하면 너무 떨려서 온몸이 굳고 얼굴이 새빨개지는 매우 소극적인 아이
였다. 1학년 때부터 늘 그래왔기 때문에, 나에 대한 소문은 교내에 익히
잘 알려져 있었다. 나를 아는 친구들은 그런 내 모습을 보고 재밌어했
다. 한 친구는 그런 수줍음이 매력이라고도 위로 삼아 말해주었지만, 나
에겐 최악의 콤플렉스였다. 그래서 나는 이것을 극복하기 위해 학기 초
반장선거에 용기를 내어 지원했다. 내 생애 첫 반장선거라 많이 떨렸지
만, 전날 밤 열심히 쓴 발표문을 차분하게 읽어 내려갔다. 나의 진심이
통한 건지, 3명의 인기 있는 경쟁자들을 제치고 덜컥 반장에 뽑혀버렸
다. 가장 소극적인 아이가 한 반을 책임지고 이끄는 리더가 된 것이다.

너무 얼떨떨해서 어쩔 줄 몰랐다. 기뻐서가 아니라 앞으로 1년간 어떻게 이 난관을 헤쳐나가야 할지 막막했기 때문이다. 수업 때마다 혼자 일어서서 "차렷, 선생님께 경례"를 외쳐야 했고, 토요일에는 학급조례 활동으로 40여 명 앞에서 토의를 진행해야 했다. 그 밖에도 선생님이 안 계실 때 반 아이들이 떠들지 않도록 통제하고, 혹여 의견이 안 맞아 싸우는 친구들이 있으면 열심히 중재에 나서야 했다. 반장이면 그 정도쯤은 다 하는 거 아니냐며 대수롭지 않게 생각할 수도 있지만, 당시 나의 어깨는 마치 하늘을 떠받치고 있는 아틀라스처럼 엄청난 부담과 중압감에 짓눌려있었다. 나름대로 반을 잘 이끌어가기 위해 최선을 다했지만, 한 번씩 귀에 꽂히는 날 선 말들은 내 멘탈을 조각조각 씹어 먹기에 충분했다.

특히, K라는 여자아이가 나를 집중적으로 공격했다. 모두가 조용한 자습시간, 선생님은 나에게 반 친구들이 떠들지 않게 하라는 지시를 내리고 교무실로 발걸음을 옮기셨다. 아니나 다를까, 그런 상황이 올 때마다 반 친구들은 항상 와자지껄 떠들어대기 시작했다. 조용히 하라고 소심하게 외쳐도 내 말은 잘 먹히지 않았다. 그때마다 K라는 친구는 도움을 주기는커녕 "아무도 네 말을 듣지 않아"라며 확인사살을 해주곤 했는데, 정말 가슴이 무너지는 듯했다. 그리고 틈만 나면 "너는 카리스마가 없어", "반장이라는 애가 리더십이 없네", "무능하고 영향력 없는 반장" 등 내 멘탈에 엄청난 타격을 주는 말들을 뱉어냈다. 그 한 마디 한 마디가 나를 어찌나 서럽게 만들었는지, 10년이 훌쩍 지난 지금까지도 아주 생생하게 기억날 정도다.

K의 말이 내게 주는 영향력은 상당했다. 언제부턴가 나도 모르게 스

스로 무능하고 쓸모없는 사람이라 되뇌고 있었던 것이다. 그뿐만이 아니었다. 반장이 되기 전날 다짐했던 결심과 용기는 온데간데없이 사라지고, 16살 인생에 회의감마저 들었다. 겉으로 내색은 안 했지만 속으로는 상당한 괴로움에 몸부림쳤다. 그래도 결코 반장선거에 나간 것을 후회하지 않았다. 언젠가 내 인생에서 큰 용기를 내야 할 때가 있을 터, 지금이 바로 그 시기임을 잘 알고 있었기 때문이다. 어떻게든 내 방식대로 스스로 선택한 시련을 이겨내야 했다. 어머니는 등교할 때마다 고통스러워하는 아들의 표정을 읽으셨는지, "아픈 만큼 성숙해진다"며 친구들의 날 선 말에 너무 개의치 말라고 위로해주셨다.

정말 아픈 만큼 성숙해진 것일까. 학기 초엔 그렇게 괴로웠던 마음이 시간이 갈수록 점차 나아지기 시작했다. 떠드는 친구들을 대하는 요령도 나름대로 알게 되었다. 여전히 리더십이 없다고 욕을 먹었지만, 그럴수록 오히려 내 할 일에 더욱 집중했다. 그러다 보니 욕을 '덜' 먹었고, 먹더라도 크게 신경 쓰지 않을 수 있었다. 그럼에도 불구하고 끝까지 적응되지 않는 것이 있었으니, 바로 K였다. K는 내 일거수일투족을 지켜보다가 내가 작은 실수라도 하면 그 명분으로 꼭 다가와서 시비를 걸었다. 이쯤 되니 K가 무서워졌다. 그냥 나라는 사람 자체를 싫어하는 것 같았다. 3학년이 완전히 끝나기 전까지 적어도 반년 동안은 K의 얼굴을 보며 지내야 하는데, 그 긴 시간을 버텨내야 한다는 생각에 소름이 돋았다. 그냥 참지 말고 K에게 화를 한 번 내 볼 법도 했지만, 여리고 여린 그때의 내가 누군가에게 화를 낸다는 것은 있을 수 없는 일이었다. 참 환장할 노릇이었다.

그렇게 K의 말에 속수무책으로 상처받고, 속으로 울고, 공격받으며 시간은 흘러갔다. 그러다 문득 뭔가 이상하다는 느낌을 받았다. 이 친구가 나에게 하는 말들이 진심으로 느껴지지 않았다. 나에게 다른 할 말이 있는데, 일부러 날 선 말로 포장하여 이를 빌미로 대화하고 싶어 하는 것 같았다.

혹시나 했는데, 나의 촉은 딱 맞아떨어졌다. 나중에 알고 보니 K는 나를 좋아하고 있었다. 그 사실을 어떻게 알았냐고? 같은 반 친구 중에 소위 그런 쪽으로 선수(?)인 U라는 친구가 있었는데, 그는 평소 K가 나에게 하는 행동을 유심히 지켜봐 왔었다(한때 절친한 사이였던 U와의 일화는 뒤에서 다루도록 하겠다). U는 이미 눈치를 챘지만, 심증만 있고 물증이 없었던 터라 확신을 하진 못하는 상태였다. 그러다 녀석은 우연히 K가 다른 친구에게 자신의 속마음을 털어놓는 것을 엿들었고, 그 사실을 내게 이야기해주었다.

나는 충격에 휩싸였다. '아니, 어떻게 그럴 수가 있지? 좋아한다면 나에게 더 잘해주는 것이 상식 아닌가?' 도저히 이해가 되지 않았다. 어떻게 좋아하는 사람을 도와주기는커녕 더 힘들게 할 수 있는지…. 당시의 어린 마음으로는 그렇게밖에 생각할 수 없었다. 그러나 시간을 두고 천천히 생각해보니, K의 행동을 조금은 알 것도 같았다. 사람을 좋아하면 점점 커지는 마음을 주체하지 못해, 오히려 그 사람에게 상처를 줄 수도 있다는 것을 말이다. 이렇듯 사람이 겉으로 드러나는 행동과 속마음이 다를 수 있다는 것을 그때 처음 알았다. 인간의 특성을 새롭게 알게 된 나는 참으로 묘한 느낌을 받았다.

당시 나는 아직 이성에 눈을 뜨기 전이었던 터라, 사랑에 대한 개념이 없었다. 그래서인지 U의 이야기를 들었을 때 가장 기뻤던 점은, 내가 무능한 반장이 아니었다는 사실이다. 그렇다. 나는 반장의 임무를 무탈하게 잘 수행하고 있었다. 돌이켜보니 K와 한두 명의 친구를 제외하고는, 나에게 심한 태클을 거는 녀석은 없었다. 대부분의 학급 친구들은 나의 행동에 큰 관심이 없었고 묵묵히 열심히 하는 나를 잘 따라와 주었다. 게다가 우리 반의 짱으로 불리는 녀석은 종종 나에게 정말 큰 힘이 되어 주었다. 나의 소심한 목소리로 열 번을 소리쳐도 떠드는 소리가 가라앉지 않을 때면, "반장이 조용히 하라잖아!"라는 짱 녀석의 한 마디에 모두가 잠잠해지는 기적이 일어나곤 했다.

시간이 지나면 기억이 미화되는 것일까. 꽤 오랜 시간이 지난 지금, 나를 도와준 짱 친구도, 사람 공부를 하게 해준 K에게도 모두 고마운 마음을 간직하고 있다. K의 마음을 알게 되었지만, 그 뒤에 딱히 특별한 일이 일어나진 않았다. 다만 나를 좋아하니까 그렇게 행동한다는 것을 알아서인지, 실수했을 때 K가 간섭해도 여유를 가질 수 있었다. 그렇게 나는 K의 마음을 계속 모른척하며 학기 말까지 반장의 임무를 무사히 마칠 수 있었다.

"무사히 마칠 수 있었다"라고 말하고 훈훈하게 중학교 생활을 마무리하면 좋았겠지만, 모두가 잘 알다시피 현실인생은 항상 매끄럽게 흘러가진 않는다. 정확히 말하면 K와의 관계가 좋게 넘어갔다는 뜻일 뿐, 학기 말 12월에 또 다른 남자 빌런 O가 등장한 것이다. 그 내용은 이번 장의 주제를 벗어나므로, 뒷부분에서 다시 이야기하도록 하겠다. 여기서는 사람의 마음이 겉으로 보이는 것처럼 곧이곧대로 드러나지 않을 수도 있다는 사실만 짚고 넘어가도록 하자.

의도하든 의도하지 않았든, 마음이란 놈은 겉과 속이 다를 때가 많다. 아무리 많은 경험을 하고 꾸준히 공부해도, 사람의 마음은 언제나 어렵고도 어렵다.

02

짜증은 때때로
고마움을 이긴다

"호의가 계속되면 그게 권리인 줄 알아요."
-영화 〈부당거래〉 대사 中-

우리는 인간관계를 맺으며 다양한 감정을 느낀다. 처음 만난 사람에 대한 호감 또는 경계심에서 시작하여, 함께 시간을 보내며 즐거움, 기쁨, 슬픔, 고마움 등을 느끼다가, 관계가 깊어지면 실망, 질투, 분노, 연민 등의 깊은 감정까지 생긴다. 인간의 희로애락은 참 다채롭다. 부정적이든 긍정적이든 그런 마음을 느낀다는 것은 순간순간 내가 살아있다는 증거이며, 좋은 현상이라고 할 수 있다.

그런데 오랫동안 꾸준히 사람들의 마음과 내 마음을 관찰해보니 이 마음이란 녀석이 참으로 간사하다고 느껴질 때가 많다. 대표적으로, 감정과 행동의 인과관계가 부자연스러울 때가 있다. 정상적인 감정과 행동의 인과관계란 은인에게 감사한 마음을 느껴 보답하려 하고, 불쌍한 사람을 딱하게 여겨 도움을 주려 하는 것처럼 감정에 뒤따른 행동이 상식적으로 나타나는 것을 말한다. 이러한 행위는 누가 봐도 자연스럽다. 그러나 장난이 아닌 진심으로 누군가 괴로워할 때 즐거움을 느끼고, 자신이 더 즐겁기 위해 누군가를 짓밟고 괴롭히는 사람은 감정에 따른 행동이 비상식적이며 부자연스럽다. 우리는 이런 사람을 가리켜 사이코패스라고 한다. 이것은 매우 극단적인 경우이기에 논외로 하고, 당신과 나와 같은 보통사람의 경우를 이야기해보자.

보통사람들도 살다 보면 감정과 행동의 인과관계가 자연스럽지 않을 때가 있다. 고마움을 느껴도 만족하지 않고 더 많은 것을 바라는 마음, 미안함을 느껴도 사과하지 않고 얼렁뚱땅 넘어가려는 마음이 그렇다. 정말 염치없지만, 사람인 이상 가끔 이런 마음이 들 때가 있다. 아마 당신도 예외가 아닐 것이다. 나 역시 이 같은 간사한 마음 때문에 정말 친하게 지내던 지인과 잠시 멀어졌던 쓸쓸한 경험이 있다.

고등학교 1학년 때부터 알고 지내던 10살 위의 형이 있었다. 그는 신실한 기독교인이자, 작은 교회에서 사역하고 계시는 강도사님이었다. 수능, 대학, 취업 등 인생의 굵직한 문제들에 대해 고민이 생길 때마다 나는 항상 그에게 조언을 구했고, 그는 언제나 나를 진심으로 걱정해주며 인생선배로서 뼈있는 말들을 아낌없이 건네주었다. 형은 내가 돈이 없어서 가끔 끼니를 거를 때면 한 번씩 밥을 사주기도 했다.

한 번은 돈가스가 너무 먹고 싶은데, 단돈 오천 원이 없어 가게 근처를 맴돌았던 적이 있었다. 때마침 형에게 전화가 와서 받았더니, 내가 굶고 있다는 걸 어찌 알았는지 가까운 식당으로 나를 불러 맛있는 돈가

스를 사주셨다. 그때 받은 감동과 고마움은 아직까지 내 가슴속에 깊이 남아있다. 그렇게 나는 인생이 힘들 때마다 형을 통해 위로받고 마음의 안정을 찾았다. 우리는 함께 많은 시간을 보내며 점점 친분을 쌓아갔다. 그러나 언제나 좋을 것만 같던 형과의 우정은 생각보다 오래가지 못했다.

'호의가 계속되면, 그게 권리인 줄 안다.'

이 문장만큼 인간의 간사함을 잘 설명해주는 말이 있을까. 형의 호의는 어느새 나에게 당연한 것이 돼버렸다. 나는 고마움을 느끼면서도 그가 지금처럼 계속 내게 잘해줄 것이라는 기대와 믿음을 가지고 있었다.

잘못된 마음은 잘못된 결과를 낳는 법이다. 태풍이 불던 어느 날, 오랜만에 만난 친구들과 저녁 식사를 하고 집으로 돌아가려는데 한 가지 문제가 생겼다. 깜빡하고 집 열쇠를 놔두고 온 것이다. 그날따라 하필 부모님은 다른 지역에 머물고 계셨다. 그래서 당장 외박을 할 수밖에 없는 상황이었다. 그러나 저녁 식사비용을 지불하고 난 후 나의 주머니엔 집으로 돌아갈 차비밖에 없었다. 친구의 집엔 친구네 가족들이 있어 민폐를 끼칠 것 같아 부탁하지 못했다. 그러다 문득 한 사람이 생각났다. 강도사님이었다. 마침 형의 집이 내가 있는 곳에서 가까웠고, 혼자 살고 계시기 때문에 '당연히 재워주시겠지'하는 마음으로 찾아갔다.

늦은 저녁 시간, 나는 미리 연락도 안 하고 무작정 형이 있는 교회로 찾아갔다. 때마침 형은 철야예배를 마치고 집으로 돌아갈 준비를 하고 있었다. 그는 나를 보더니 굉장히 당황하고는, 곧이어 굳은 표정으로 이렇게 말했다. "왜 연락도 없이 갑자기 찾아왔니?" "미안해요, 형. 오늘

돈도 없고, 깜빡하고 집 열쇠도 놔두고 와서 외박해야 하는 상황인데, 하룻밤만 재워주시면 안 될까요?"

평소 온화한 미소를 띠고 항상 친절하기만 하던 그가 이상하게도 그날따라 많이 화나 보였다. 그래도 이렇게 태풍이 부는 날, 잘 곳이 없어서 전전하는 동생의 부탁을 거절하지는 않을 것이라는 생각에 속으론 안심하고 있었다. 그러나 뒤이어 나온 그의 말은 충격적이었다. "오늘 너의 행동이 참 안타깝다. 형은 너무 실망스럽다."

나는 가슴이 쿵 내려앉았다. 마치 폭풍우가 몰아치는 날, 바다 한가운데에 있는 작은 배가 거대한 파도에 뒤집혀 침몰하는 느낌이었다. 그래도 밖에서 잘 수는 없었기에 한 번 더 간곡히 부탁했다. "형, 정말 죄송해요. 다음부터는 이런 일 없도록 할게요. 오늘 한 번만 재워주시면 안 될까요?"

하지만 그는 완고했다. 그리고 이렇게 말했다. "너를 재워주려면 충분히 재워줄 수 있어. 하지만 오늘의 행동을 그냥 눈감고 넘어가면, 네가 다음에 힘들 때 또 연락도 없이 나를 찾아오겠지. 그리고 그다음에도, 또 그다음에도 그렇게 행동할 거야. 네가 아무리 나와 친하다고 하지만 나도 프라이버시가 있는데, 이렇게 늦은 시간에 갑자기 연락도 없이 찾아오면 형이 당황할 수도 있다는 생각 안 해봤니? 오늘 너를 재워줄 순 있지만, 그렇게 하지 않으려고 해."

맞는 말이었다. 하지만 그 순간에는 형의 행동을 이해할 수 없었다. 만약 태풍이 부는 날 친한 동생이 잘 곳이 없어 연락도 없이 나를 찾아온다면, 나라면 동생을 재워줄 것 같았다. 나는 오기가 나서 이렇게 말했다. "그럼 이 놀이터 벤치에서 신문지라도 덮고 잘 테니, 신문지만 좀

주실 수 있으세요?"

내 딴에는 초강수를 둔 말이었다. 어떻게든 오늘 밤 묵을 곳을 마련해야 했다. 그러나 나의 마지막 기대는 그의 차가운 한마디에 완전히 박살 나고 말았다. "집에 신문지 없다. 돈이 없으면 다른 사람한테 빌려서 찜질방이라도 가라. 내일 새벽기도가 있어서 빨리 자야 하니 먼저 들어가마." 이 말을 남긴 그는 뒤도 돌아보지 않고 순식간에 내 앞에서 사라졌다.

누군가에게 이런 말을 들은 적이 있다. "아홉 번 잘해도 한 번 못하면 별로인 사람이 되고, 아홉 번 못해도 한 번 잘하면 그래도 꽤 괜찮은 사람이 된다. 사람의 마음은 이토록 간사해서, 결국은 끝이 좋아야 뒤탈이 없다." 이 말의 뜻을 이제야 알 것 같았다. 지금이 딱 그런 상황이었다. 나는 허탈함과 짜증, 분노가 뒤섞인 마음으로 놀이터 벤치에 멍하니 앉아있었다. 심하게 부는 바람은 각박한 내 마음을 더욱 곡괭이질 하는 듯했다. 가장 가까운 사람에게 듣는 싸늘한 한마디로, 나의 유리 멘탈은 산산조각 나고 만 것이다.

그렇게 몇 주가 지나고, 형에게 먼저 전화가 왔다. 그날 너무 모질게 대해서 미안했다고. 오랜만에 만난 그는 다시 예전처럼 따뜻한 사람으로 돌아와 있었지만, 이미 날카롭게 베여 커다랗게 남아있는 마음의 상처는 아물 생각이 없어 보였다. 그날 이후 형에게 더욱 조심스러워지고, 괜히 어색해지고, 자꾸 눈치를 보게 되었다. 지금까지 그가 베풀었던 모든 것들보다, 그날의 간절한 부탁을 거절했던 것에 대한 원망이 기억 속에 더 뿌리 깊게 박혀버렸다. 단 한 번의 짜증 나는 상황이 수많은 감사를 이겨버린 것이다.

'시간이 약이다'라는 말은 정말 기가 막히게 맞아떨어지는 말인 것 같다. 당시엔 분노를 주체하지 못해 그를 많이 원망했었는데, 꽤 오랜 시간이 흐르고 난 뒤 왜 그런 상황이 올 수밖에 없었는지 스스로 냉정하게 되짚어볼 수 있었다.

첫 번째로, 나의 잘못된 기대 탓이 가장 컸다. 냉정하게 따져 보았을 때, 그가 반드시 내 부탁을 들어줘야 할 이유는 없었다. 그저 친하니까 당연히 내 부탁을 들어줄 것이란 생각은 나의 개인적인 욕심일 뿐이었다. 그는 정말 신실한 기독교인이었기 때문에, 새벽기도를 포함한 모든 예배를 목숨처럼 귀하게 여겼다. 그런데 갑자기 찾아온 나 때문에 잠을 설치기라도 하면, 다음날 기도에 지장이 생길 수도 있었다. 그것은 종교인에게 더할 나위 없는 민폐인 셈이다.

두 번째는 연락도 드리지 않고 내 멋대로 찾아갔다는 점이다. 아무리 친하다고 하지만, 나보다 10살이나 많은 어른이었다. 어른을 만나기 전에 미리 연락하는 것은 기본인데, 나는 그것을 간과했다. 이 사건 이후 어떤 일이든, 누구를 만나든 먼저 연락을 주는 것이 얼마나 중요한 일인지 깨달았다.

세 번째는 나의 수동적인 태도였다. 잠잘 곳이 없으면 스스로 잘 곳을 마련할 방법을 찾아야만 했다. 집 열쇠를 깜빡하고 놔두고 온 것은 전적으로 나의 책임이었으니 말이다. 그날의 나는 형이 모든 문제를 해결해주길 바랐다. 결국, 이 모든 문제의 원인이 내게 있음을 스스로 인정하였다.

그해에 형은 개인적인 일로 이사를 했고, 몸이 멀어지면 마음도 멀어지듯이 자연스레 연락하는 횟수도 줄어들었다. 그 사건 이후 서로 서먹

해져서 완전히 관계가 끝나버릴 수도 있었지만, 나는 안 좋았던 기억보다 좋았던 추억에 초점을 맞추기로 했다. 고마운 것은 고마운 것이고, 내가 잘못한 것은 잘못한 것이니 말이다. 그래서 못해도 한 분기에 한 번씩은 형에게 먼저 안부 연락을 드린다. 그는 여전히 나에게 잊지 못할 은인이기 때문이다.

그래도 때때로 마음속 깊은 곳으로부터 피어오른 짜증과 원망이 고마움을 압도하는 순간이 있다. 하지만 어쩌겠는가? 화가 나는 상황을 만든 장본인은 바로 나 자신인 것을. 혹시 아는가? 일찍이 우리 집 문에 열쇠가 필요 없는 도어락을 설치해뒀었더라면, 그날 그렇게 몸과 마음이 고생하는 일은 없었을지도….

03

우리가 속고
또 속는 이유

"지금 이 순간에도 속기 위해 태어나는 사람들이 있다."
-P. T. 바넘(쇼맨)-

2016년에 개봉한 영화 〈곡성〉에 나온 명대사 "뭣이 중헌디?"를 기억하는가? 이 말에 대해, 소통전문 강사 김창옥 교수는 자신의 토크콘서트에서 이렇게 말했다. "우리는 뭣이 중헌지 모르기 때문에 현혹(眩惑)되고, 현혹됐기 때문에 뭣이 중헌지 모른다."

그는 많은 사람이 저지르는 잘못된 판단에 경각심을 불러일으켰다. 그리고 또 이렇게 한마디 덧붙였다. "인간의 지혜는 뭣이 중헌지 아는 것이다."

김창옥 교수의 말처럼, 우리는 '뭣이 중헌지' 알아야 한다. 관계도 마찬가지다. 당신은 원만한 대인관계를 위해 반드시 갖추어야 할 요소 중 무엇이 가장 중요하다고 생각하는가? 나는 인품이라고 생각한다. 인품이 훌륭한 사람은 대인관계 또한 훌륭한 법이다. 좋은 인품은 그 자체로 매력적인 데다, 많은 사람을 감동시키고 뒤따르게 만든다. 아닌 것 같다고? '국민 MC' 유재석을 보라. '피겨 퀸' 김연아를 보라. '요식업계 대부' 백종원을 보라. '손세이셔널' 손흥민을 보라. 자기 분야에서 최고의 위치에 오른 사람은 대부분 인품이 훌륭하고 주변 사람들과도 끈끈한 관계를 유지한다. 인간관계를 풍요롭게 만들고 그들과 화목한 관계를 이어가고 싶다면, 제일 먼저 좋은 인품을 갖추기 위해 힘써야 할 것이다.

그런데 '열 길 물속은 알아도 한 길 사람 속은 모른다'는 말처럼, 겉으로 드러나는 인품이 진짜인지 가짜인지 구분해내기는 쉽지 않다. 평소엔 관심도 없다가 도움이 필요한 순간에만 당신을 위하는 척하는 파렴치한 사람도 있고, 이 사람 저 사람 옮겨 다니며 자기의 이득만 챙겨 먹는 기회주의자도 있고, 달콤한 거짓말을 일삼으며 당신을 현혹시키는 사기꾼도 있는 게 이 사회의 현실이다. 지금도 수많은 사람이 이들에게 속아 넘어가고 있다. 잘못된 판단으로 이들과의 '관개'를 이어나가다가, 단 한 번의 카운터펀치로 당신의 멘탈은 나가떨어진다. 바로 '사기'를 당하는 것이다.

사기를 친 사람의 잘못인가, 아니면 사기를 치도록 내버려둔 당신의 잘못인가? 결론부터 말하자면, 둘 다 잘못했다. 당신을 현혹시키는 사람들은 어디에나 존재한다. 그러므로 당신이 조심해야 하고, 사기인지 아닌지 구별할 수 있는 판단력을 갖춰야 한다. 이번 장에서는 사람이 사람에게 속는 핵심적인 5가지 이유와 나쁜 사람들에게 속지 않는 방법을 함께 알아보도록 하자.

1. 사실과 의견의 혼동

대학교 1학년 때, 같은 학과에서 만난 친구 C가 있었다. C는 늘 소심하게 살아왔던 내 입장에서 매우 흥미로운 동시에 경계하게 되는 친구였다. 나는 흔히 말하는 '진지요정' 기질이 있는 사람이라, 매사에 진지하고 친구 간의 예의를 굉장히 중요시하는 편이다. 성격 자체가 조용조용하고 그저 착하기만 할 뿐, 매력이 없어서 그런지 그 당시 내 주변에는 '인싸' 기질을 가진 친구가 없었다. 그런데 C는 나와 정반대되는 성격의 소유자였다. 내가 보기에 C는 말 한마디, 행동 하나하나가 굉장히 가벼워 보였는데, 희한하게도 C를 칭찬하며 좋아하는 친구가 제법 많은 것 같았다. 뭔가 알 수 없는 마성의 매력이 있는 것 같았지만, 상당히 이질적으로 느껴져 가까이하고 싶진 않은 녀석이었다.

어느 날 C가 한 친구에게 심한 장난을 치는 모습을 보았다. 나는 '저건 친구 사이의 예의가 아닌 것 같은데…'라는 생각으로 혹시나 둘이 싸우지는 않을까 조마조마했다. 그러나 내 예상과는 달리 둘은 서로 깔깔거리며 더 좋은 관계를 유지해나가는 것 아닌가? 어떻게 그럴 수 있는지 너무 궁금해서 C의 장난을 받아준 친구에게 물어보았다. "저런 장난은 좀 기분 나쁘지 않아? C에 대해서 어떻게 생각해?" 그러자 그 친구가 이야기했다. "나는 재밌기만 한데? 네가 C를 잘 몰라서 그래. 알고 보면 참 재밌고 괜찮은 친구야."

나는 조금 의아했다. 분명 직감적으로 좋게 느껴지는 친구는 아니었다. 내가 정말 C를 잘 몰라서 그런 것이었을까? 물론 C는 매력이 있는 사람 같았다. 대다수 친구들은 C를 재밌는 녀석이라며 칭찬했다. 사람들은 다수의 의견을 옳다고 믿는 경향이 있다. 나 역시 몇몇 친구들의 말을 듣고 C에 대한 경계심이 허물어졌다. 결코 내 의지로 가까이하고 싶은 친구는 아니었지만, 주변 사람들의 말을 신뢰하여 C에게 마음을 열기로 했다.

C와 같이 밥도 먹고 조별과제도 하고 공강 시간엔 당구나 볼링을 치러가는 등, 학교생활의 꽤 많은 시간을 함께 보냈다. 그러다 보니 자연스레 친해졌고 서로에 대해 잘 알게 되었다. 처음에는 주변 친구들의 말처럼 C가 참 재밌고 꽤 괜찮은 녀석인 것 같았다. 그런데 시간이 갈수록 내가 몰랐던 C의 본모습들이 속속들이 드러났다.

녀석을 처음 봤을 때 느꼈던 가벼운 언행들이 우리의 관계에 영향을 미치기 시작했다. C는 조금만 친해지면 친구를 함부로 대하는 경향이 있었다. 나는 장난이라도 친구 사이에 욕을 잘 쓰지 않는 편인데, C는 입만 열면 나에게 욕을 했다. 한두 번 정도는 원래 이런 녀석이니까 그러려니 하고 넘어갔는데, 때로는 욕을 넘어 나의 약점과 단점을 조롱하며 주변의 다른 친구들에게 떠벌리기까지 했다. 또 나를 웃음거리로 삼고 놀리면서 자신의 위치를 높이기도 했다. 지금 생각해보면 내가 얼마나 만만했으면 그렇게 행동했을까 싶다.

물론, 내가 만만했던 것은 사실이다. 그러나 그토록 힘들었던 10대의 학창시절을 버티고 여기까지 왔는데, 나의 소중한 대학생활에서조차 먹잇감으로 살 순 없었다. 하지만 나는 '원래 장난이 짓궂은 친구니 내가 이해하지 뭐. 조금 함부로 대하는 점만 빼면 평소엔 정말 재밌고 괜찮은 녀석이잖아'라고 생각하며 C와의 질긴 인연을 이어 나갔다.

다수의 의견은 정말 옳은 것처럼 보여서 참으로 무섭다. 나는 C가 괜찮은 사람이라는 주변의 말을 믿고 마음을 열었다. 그래서 그와 친구 관계를 맺었다. 하지만 그것은 C와 친한 몇몇 친구들의 '의견'이었을 뿐, '사실'이 아니었다. 나는 '의견'을 '사실'로 받아들이는 실수를 범한 것이다. 나중에 알게 된 사실인데, C는 고등학교 때 소위 말하는 '일진'으로, 꽤 많은 친구를 괴롭히고 다녔다고 한다. 그 녀석은 대학교에 와서 자신의 정체를 숨기고 괜찮은 사람인 척 연기하며 이미지 세탁을 노렸던 것이었다. 나를 포함한 학교 사람들은 모두 C에게 제대로 속고 말았다. C는 본성을 숨길 수 없었던 탓인지, 시간이 갈수록 주변 사람들에게 재평가되었다. 학기 말엔 생각보다 많은 사람이 C를 싫어하고 있었고, 나에게 C가 괜찮다고 했던 친구마저 C에게 실망하여 더 이상 연락하지 않는다고 했다.

사실, 나는 그가 일진이든 뭐든 간에 전혀 놀랍지 않았다. 딱히 상관도 없었다. 색안경을 끼고 사람을 평가하고 싶지 않았기 때문이다. 그리고 과거에 잘못된 삶을 살았어도, 미래를 바꾸기 위해 '이미지 세탁'을 시도한 것이 C 나름의 노력이라고 생각하여 그리 나쁘게 생각하지 않았다. 하지만 절대 용서할 수 없는 것이 있었으니, 그 녀석이 나의 소중한 돈을 빌리고 갚지 않은 일이었다. C는 나에게 급하다며 4만 원을 빌려간 적이 있었다. 학생인 나에게 4만 원은 부담스러운 금액이었지만, 상황이 어렵다는 C를 믿고 빌려주었다. 그런데 이 녀석이 갚을 때가 되니, 이 핑계 저 핑계를 대며 끝까지 모르는 척하는 것이 아닌가? 그 모습에 너무 어이가 없어서 나는 C에게 마지막 문자를 보냈다. "그래, 돈도 갚지 말고 앞으로 연락도 하지 마라."

그렇게 C와의 관계는 5년 만에 끝이 났다. 그동안 C 덕분에 웃은 일도 많았기에 그가 정말 재밌는 친구라는 사실은 부정할 수 없다. 그러나 몇 가지 감당할 수 없는 그의 행실 때문에 정신적으로 해로운 친구라고 판단하여 과감히 연락을 끊어버렸다.

우리는 사람을 객관적으로 보는 안목을 길러야 한다. 주변에서 특정 사람에 대해 오가는 말이 '사실'인지 '의견'인지 잘 판단해야 한다. 당신이 사실과 의견을 명확히 구분할 수 있다면, 관계에서 오는 피해를 생각보다 많이 줄일 수 있을 것이다.

우리가 속고 또 속는 이유

2. 나의 욕심과 그것을 이용하는 사회

이번엔 조금 다른 측면의 속임에 대하여 이야기해보려 한다. 세상에서 가장 흔한 금전적 피해에 대한 이야기다. 누구나 한 번쯤은 돈과 관련된 피해를 경험해본 적 있을 것이다. 누군가의 (사실이 아닌) 의견을 믿고 투자했다가 손해를 본 사람들이 얼마나 많은가. 그 투자의 이면에는 최소한의 노력으로 괄목할만한 결과가 나오길 바라는 욕심이 자리 잡고 있었을 것이다.

법륜스님은 '법륜스님의 즉문즉설'에서 "인간의 모든 괴로움은 이득을 보려고 하는 데서 옵니다"라고 말했다. 나 역시 간절한 마음으로 무리해서 이득을 보려 하다 큰 괴로움을 겪은 적이 있다. 그것은 전적으로 내 책임이었으며, 나의 욕심과 잘못된 판단으로 일어난 일이었다. 그러나 잘못된 판단을 하도록 유도하는 사회시스템의 영향력을 무시할 수 없다고 생각하여, 내가 겪었던 경험담을 생생하게 들려주고자 한다.

나는 17살부터 24살까지 약 7년간 여드름으로 고생을 좀 했다. 고등학교 1학년 때 작은 여드름이 올라오기 시작한 후, 걷잡을 수 없이 사방팔방으로 퍼져 감당할 수 없는 지경에 이르렀다. 얼굴 전체가 좁쌀 여드름과 홍조에 뒤덮여서 정상적인 사람의 모습처럼 보이지 않았다. 본의 아니게 길을 걸어갈 때마다 마주치는 모든 사람에게 주목을 받았고, 어쩔 수 없이 가야 하는 학교에서는 차마 얼굴을 들고 다닐 수 없을 정도였다. 거울을 볼 때마다 얼마나 속상한지, 그 상황을 겪어본 사람은 이 마음을 잘 알 것이다.

안면 여드름 분포 현상은 성인이 되어서도 3년 넘게 이어졌다. 이것을 개선하기 위해 한약 치료, 음식 치료, 피부과 치료 등 온갖 방법을 써봤지만, 잠깐 좋아지는가 싶더니 다시 원래의 상태로 돌아왔다(당시 여드름으로 인한 극심한 스트레스로 대인기피증이 왔는데 이는 훗날 우울증에 영향을 끼치기도 했다).

여드름에 두 손 두 발 다 들고 거의 체념하다시피 한 그때, 우연히 한 화장품 광고가 내 눈에 들어왔다. 나는 회사에 대한 정보부터, 제품 사용 후기까지 꼼꼼히 읽어보았다. 모든 내용을 살펴본 후, 드디어 피부 미남이 될 수 있겠다는 생각과 함께 가슴에는 한 줄기 희망이 꿈틀거렸다.

어린 날의 나는 세상을 몰라도 너무 몰랐다. 많은 사람이 좋다고 하면 그게 다 옳은 줄로만 알았다. 그 화장품을 써본 사람들의 후기를 전부 읽어보고 또 읽어봐도 하나같이 긍정적인 답변들만 가득했다. 제조사도 그 제품이 모든 악성 피부에 만능솔루션인 것처럼 소개했다. 심지어 지금 바로 구매하면 20만 원이나 할인해준다고 했다(그 화장품의 가격은 무려 110만 원 이었다!).

나는 큰마음을 먹고 거금을 지르고 말았다. 물론 빚을 내서 말이다. 혹여 당신이 오해할까 한마디 덧붙이자면, 나는 그렇게 비싼 물건을 생전에 사본 적이 없다. 어떻게 빚으로 그런 사치를 부릴 수 있단 말인가. 그러나 피부가 좋아지길 바라는 마음이 너무나 간절했다. 이것이 마지막 희망이라고 굳게 믿었기에 그런 결정을 내렸다. 그렇게 내가 가지고 있던 돈 40만 원과 친구에게 빌린 돈 50만 원을 합쳐, 총 90만 원에 화장품을 구매했다. 그다음은 과연 어떻게 됐을까?

그렇다. 결과는 당신이 예상한 대로다. 나는 완전히 헛돈을 날리고 말았다. 몇 달 동안 그 화장품을 하루도 빠짐없이 아주 정성스레 사용해봤지만, 눈에 보이는 효과는 단 1도 없었다. 차라리 목욕탕에 있는 흔한 로션을 바르는 게 더 나았을지도 모르겠다.

화장품도 화장품이지만, 이걸 산다고 빌린 돈을 갚느라 꽤 고생했다. 그때의 나에게 50만 원은 두 달 치 생활비였다. 당시 최저시급은 5580원으로, 그 돈을 벌려면 최소 90시간을 일해야 했다. 학교를 마치면 저녁 알바, 주말에도 종일 알바, 공휴일과 추석 연휴에도 알바를 해서 그 돈을 겨우 갚을 수 있었다. 이때의 경험으로 타인의 돈을 빌린다는 것이 얼마나 무서운 일인지 뼈저리게 느꼈다.

그리고 또 한 가지 깨달은 점은 이 세상에 100%는 없다는 것이다. 이 화장품을 바르면 100% 피부가 좋아진다, 이 음식을 먹으면 100% 건강해진다, 이 선생님께 배우면 100% 성적이 향상된다, 이런 것은 없다.

모두가 좋다는 것도, 나에게 효과가 없으면 의미 없는 것이다. 이 세상에 100%란 죽음밖에 없다. 생명이 태어나면 언젠가 죽을 확률은 100%이기 때문이다. 이 사실을 좀 더 일찍 깨달았어야 했는데….

그 화장품을 써본 사람들의 후기가 전부 진실인지는 알 수 없지만, 어쨌든 나에게는 맞지 않는 제품이었다. 지금도 그 회사의 사이트를 들어가 보면 여전히 좋은 후기들이 수두룩하다. 하나같이 그 제품을 사용하기만 하면 누구나 부러워하는 피부가 될 수 있다는 말뿐이다. 그러나 가장 중요한 가격표시는 사이트 어디를 둘러봐도 찾을 수 없었다. 그저 '상담 안내'라고만 나와 있을 뿐….

오늘도 많은 사람이 기업의 과대광고와 마케팅 전략에 속아 넘어가고 있다. 덜컥 구매했어도 효과를 본다면 아무런 문제가 없지만, 그렇지 않은 경우도 얼마나 많은가. 속인 자는 이득을 보고, 속은 놈은 바보가 되는 것이 현실이다.

명심하라. 정글 같은 이 사회는 우리에게 어떻게든 이득을 취할 기회를 호시탐탐 노리고 있다. 피해자는 이러한 사회시스템과 본인의 욕심이 결합할 때 발생한다. 당신과 나의 소중한 돈을 지키기 위해, 항상 깨어있어야 하는 것은 우리의 몫이다.

우리가 속고 또 속는 이유

3. 그놈의 의리 때문에…

한때, 대한민국에 '의리' 열풍이 분 적이 있다. 의리! 하면 떠오르는 사람이 있을 것이다. 바로 배우 김보성이다. 그는 의리를 말로만 외치지 않고 직접 행동으로 보여주며, 많은 이에게 선한 영향력을 끼치고 있는 배우다. 나는 그가 굉장히 멋있고 매력적인 사람이라고 생각한다. 각박한 세상에서 의리를 지킨다는 게 얼마나 멋진 일인가.

그런데 의리를 지키기 전에, 먼저 생각해봐야 할 것이 있다. 그것은 바로 당신의 인생이다. 만약 당신이 의리를 지키다가 사기를 당한다면 어찌할 것인가? 그리고 그 사기가 당신의 인생을 송두리째 흔들어버릴 만큼 막대한 영향을 끼친다면, 그 상황을 감당할 수 있는가? 감당 여부를 떠나 그러한 상황이 닥친다고 가정한다면, 당신은 의리라는 명목으로 자신의 소중한 인생을 위험에 빠뜨릴 것인가?

의리의 사전적 의미를 살펴보면, '사람으로서 마땅히 지켜야 할 도리', '사람과의 관계에서 지켜야 할 바른 도리'라고 나와 있다. 우리가 인격자라면 가장 기본적인 도리는 지킬 줄 알아야 한다. 그런데 간혹 타인에 대한 도리를 지키려다 자기 자신에 대한 도리를 지키지 못하는 경우가 있다. 예를 들어보겠다.

당신은 한 가정의 가장이다. 당신의 집안 형편은 그리 넉넉하지 않다. 그런데 가까운 지인에게 1000만 원을 빌려달라는 부탁을 받았다고 가정해보자. 당신은 한때 그에게 큰 은혜를 입은 적이 있으며, 그는 지금 누군가의 도움이 절실히 필요한 상황이다. 현재 당신의 수중엔 200만 원이 있다. 그중 120만 원은 이번 달 가족 생활비로, 50만 원은 자동차할부금 및 주택담보대출 등의 빚을 갚는 용도로 써야 한다. 결국, 여유 자금은 30만 원밖에 남지 않는다. 하지만 지난달부터 부모님과 자식들을 위한 적금을 들어놓은 상태라, 그 돈마저 저축계좌에 입금해야 한다. 이 상황에서 당신이 취할 수 있는 가장 현명한 행동은 무엇일까? 다음의 3가지 중 하나를 선택해보라.

① 어떻게든 1000만 원을 마련하여 빌려준다.
② 내 코가 석 자이므로, 미안하다고 말하고 거절한다.
③ 내가 감당할 수 있는 선에서, 조금이라도 도와준다.

당신이라면 어떤 선택을 하겠는가? 각각의 선택지에 대한 내 생각을 말해주겠다.

① 어떻게든 1000만 원을 마련하여 빌려준다.

이러한 행동이 '의리'를 지키는 것이라 여겨 실천으로 옮기는 사람들이 있다. 하지만 이는 가장 위험한 동시에, 어리석은 행동이 될 수도 있다. 당신이 지인을 너무 사랑하는 마음에 은행에서 1000만 원을 대출받았다고 치자. 당신은 빚져서 마련한 그 돈을 건네며 이렇게 말할 것이다. "어려울 때 서로 돕는 것이 친구지. 부담 갖지 말고 나중에 여유가 생기면 갚게나."

그 친구는 너무 고마워서 눈물을 쏟을지도 모른다. 딱 그때까지만 말이다. 앞서 말했듯, 인간은 간사한 동물이다. 경제관념이 없었던 시절, 나는 여기저기 돈을 많이 빌리고 다녔다(물론, 빌린 돈은 반드시 갚았다). 그래서인지, 채무자의 묘한 심리(?)를 누구보다도 잘 안다고 자부한다. 누군가 나에게 돈을 빌려주면, 그 순간만큼은 진심으로 고마움을 느낀다. 하지만 인간은 망각의 동물이므로 시간이 갈수록 고마움은 점차 흐릿해진다. 그리고 갚을 때가 되면 이상하게 갚기 싫은 마음이 생긴다. 혹여 채권자와 사소한 트러블이라도 생기면 더더욱 갚기가 싫어진다. 순간의 짜증은 때때로 예전의 고마움을 너무 쉽게 이겨버리기 때문이다.

누군가는 이렇게 말할 것이다. "그 친구는 그럴 사람이 아니야." 맞는 말이다. 그 친구는 분명 그런 사람이 아닐 것이다. 그러나 상황이 좋지 않으면, 언제든 그 친구가 변할 수도 있다는 사실을 알아야 한다. 사람이 나쁜 것이 아니라, 상황이 나쁜 것이다. 그런 상황에서는 누구든 살기 위해 이기적인 선택을 할 확률이 높다. 끝내 친구가 돈을 갚지 않고 잠적하는 극단적인 경우도 있을 수 있다. 상황에 따라 처음의 생각과 행동이 수시로 바뀌는 것이 바로 인간이라는 동물이다. 이 점을 절대 간과해선 안 된다.

물론 당신이 보여준 행동에 크게 감동해, 상황이 어떻든 끝까지 의리를 지키는 사람도 있을 것이다. 그런데 애초에 그 정도 수준의 사람이라면, 당신에게 1000만 원이란 거금을 빌려달라고 하지도 않았을 것이고, 스스로 그렇게 난처한 상황을 만들지도 않았을 것이다. 참 아이러니하지 않은가?

편의상 1000만 원이라는 액수로 설정했지만, 의리 하나로 그보다 훨씬 큰 액수를 빌려주고 관계가 파탄 난 사람도 있을 것이다. 스스로 감당할 수 없을 만큼 무리하게 남을 도와주는 행위는 '의리를 지키는 것'이 아닌 '어리석음을 자초하는 것'이다. 어려운 사람을 도와주는 것은 분명 아름다운 행위다. 그러나 역설적이게도, 그런 행동으로 인해 당신이 위태로워질 수도 있음을 알아야 한다. 그런 행동을 불러일으키는 따뜻한 마음이 잘못됐다는 것이 아니다. 아무리 좋은 마음을 가지고 도와

췄어도, 상황에 따라 당신이 베푼 호의를 원수로 갚는 사람도 존재할 수 있다는 것이다. '배은망덕'이란 사자성어가 왜 나왔겠는가? 인류역사에서 은혜를 저버리는 사람들이 존재해왔으니 이런 말이 나오지 않았을까?

모든 생물의 1차 목표는 '생존'이다. 누군가를 도와주려다 자신의 생존권마저 위협받게 된다면, 의리가 다 무슨 소용이란 말인가? 따라서 이 선택지는 좋은 방법이 아니므로 패스.

② 내 코가 석 자이므로, 미안하다고 말하고 거절한다.

당신은 거절할 권리가 있다. 그러나 한때 당신을 도와준 은인의 부탁이라면, 이야기가 달라진다. 그의 부탁을 거절한다면 당신도 마음이 편치 않을 것이다. 아무리 내 코가 석 자라고 해도, 어떻게 은인의 어려움을 모른척할 수 있겠는가. 의리를 지킨답시고 자신의 처지를 생각하지 않고 무작정 도와주는 것도 좋지 않지만, 오로지 자신의 처지만을 생각하여 아무도 도우려고 하지 않는 행위는 더더욱 좋지 않다. 그러므로 이 선택지도 패스.

③ 내가 감당할 수 있는 선에서, 조금이라도 도와준다.

우리는 중용(中庸)의 지혜를 배울 필요가 있다. 중용이라 함은 '어느 쪽으로나 치우침 없이 올바르며 변함이 없는 상태나 정도'를 말한다. 우선 대출받는 것을 제외하고, 1000만 원을 마련할 현실적인 방법은 없는 상태다. 그렇다고 은인의 부탁을 모른척할 수도 없는 노릇이다. 그럼 도대체 어찌해야 하는가? 나라면 이렇게 하겠다.

일단 가족 생활비 120만 원에서 아낄 수 있는 돈을 찾아본다. 가족들과 외식 한 번, 치킨 한 마리 시켜먹는 돈을 아낀다면 최소 5만 원은 마련할 수 있을 것이다. 부채는 꾸준히 상환해야 하므로, 자동차할부금이나 주택담보대출에 들어가는 50만 원은 건들지 않는다. 이제 저축계좌에 넣을 30만 원이 남았다. 부모님과 자식들을 위한 적금은 나와의 약속이므로 아예 넣지 않을 순 없다. 여기서 스스로 감당할 수 있는 돈을 뺀다. 총 저축금액의 절반 정도는 감당할 수 있다고 치면, 15만 원을 마련할 수 있다. 대신 이번 달에 저축하지 못한 15만 원을 다음 달에 더하여 총 45만 원으로 채워 넣어야 한다. 이것은 스스로 감당해야 할 몫이다. 이렇게 생활비에서 5만 원, 적금에서 15만 원을 합쳐 총 20만 원을 마련했다. 이 돈을 '받지 않을 생각'으로, 은인에게 빌려준다. 나의 입장에서는 이것이 형편이 넉넉지 않은 사람이 할 수 있는 최선이다.

혹자는 이렇게 생각할지도 모른다. '1000만 원을 빌려달라고 했는데, 겨우 20만 원밖에 안 빌려주면 차라리 안 빌려주느니 못한 것 아닌가? 그럼 그 지인이 나머지 980만 원을 무슨 수로 마련할 수 있단 말인가?'

이것은 크게 잘못된 생각이다. '겨우' 20만 원이라고? 1000만 원에 비하면 작게 느껴지겠지만, 20만 원을 벌려고 해보라. 웬만해서는 하루만에 벌 수 없는 돈이다. 나머지 980만 원은 지인이 감당해야 할 몫이다. 제아무리 은인이라 할지라도, 내가 빠듯한 상태에서 그의 모든 것을 해결해줘야 할 의무는 없다. 당신은 스스로 감당할 수 있는 선에서 남을 도와야 한다. 수중에 200만 원을 가지고 있는 당신이 앞날을 감당하고 지인을 도울 수도 있는 최선의 금액은 20만 원이다(물론 경우에 따라 약간의 차이가 있을 수 있다). 그 돈을 빌려줬으나 지인이 고마워하지 않고 도리어 화를 낸다면, 그것은 그의 인간성이 그것밖에 되지 않는 것이다. 당신은 넉넉지 못한 현재 상황에서 최소한의 도리를 지켰다. 나머지는 그의 몫인 것이다.

그리고 핵심은 '받지 않을 생각'으로 빌려줘야 한다는 것이다. 지인이 나머지 980만 원을 마련하지 못해 파산한다면, 당신의 20만 원을 갚지 못할 수도 있다. 만약 그 돈을 꼭 받을 생각으로 빌려준다면, 언젠가 지인과 다툼이 일어날 수 있다. 가까운 사이일수록 채무관계는 더욱 조심해야 한다. 잘 빌리고 잘 갚는 것보다 처음부터 빌리지 않는 것이 훨씬 현명한 방법이다. 그럼에도 부득이하게 채무관계가 성립됐을 시, 처음부터 받지 않을 생각으로 빌려준다면, 훗날 지인이 갚지 못한다 하더라도 관계에 금이 가지 않는다. 끝내 지인이 문제를 해결하고 당신의 돈까지 갚는다면, 그와의 관계는 더욱 끈끈해질 것이다. 그러므로 이것이 가장 현명한 선택지라 할 수 있다.

나의 친지 중에는 의리를 지키려다 크게 사기를 당해, 자신은 물론 가족까지 힘들게 만든 사람이 있다. 그분의 성품은 선함 그 자체였다. 도움이 필요한 사람이 있으면 자신을 희생해서라도 어떻게든 도와주려고 안간힘을 쓰시는 분이었다. 나는 그렇게 바보스러울 정도로 착한 사람을 생전에 본 적이 없다.

어느 날, 그분이 여기저기 사기를 당하다가 나이 예순을 넘기고서야 깨달은 점을 나에게 말씀해주셨다.

"내가 감당할 수 있는 만큼 남을 돕는 것, 그것이 바로 겸손이다. 나는 지금까지 겸손하지 못했다."

4. 마음이 불안할 때

마음이 불안한 상태만큼 속기 쉬운 때가 없다. 인간은 마음이 불안해지면 무언가에 의지하고 싶어 하는 존재다. 의지할 대상을 잘 선택하면 상관없지만, 그렇지 않은 경우가 있어서 문제다. 우리는 그러한 경우를 TV나 각종 매스컴에서 심심찮게 접하곤 한다. 잘못된 것에 의지하는 사람들 말이다. 잘못된 것이라 함은 마약, 알코올, 사이비 종교와 같은 것들을 말한다.

특히, 종교에 대해 독자들에게 꼭 해주고 싶은 말이 있다. 나는 타인에게 피해를 주는 것만 아니라면 종교를 가지는 것에 대해 긍정적으로 생각하는 편이다. 올바른 신앙심은 경건하고 겸허한 마음을 가지는 데 도움을 주기 때문이다. 하지만 사이비 종교에 빠진다든가, 특정 종교를 맹신하여 광신도가 되는 것은 굉장히 위험한 일이다. 그런 사람들의 특징이 무엇인지 아는가? 저마다의 사정이 있겠지만, 가장 근본적인 이유는 '마음이 불안하다'는 것이다.

'마음이 불안하다'는 말은 정신력이 약하다는 말과 일맥상통한다. 정신력이 강한 사람은 불안정한 마음도 금방 추스르고 일어나, 언제 그랬냐는 듯 다시 자기 할 일에 집중한다. 허나 정신력이 약한 사람은 커다란 삶의 무게를 스스로 감당해내지 못하고 항상 의지할 대상을 찾는다. 이들은 항상 누군가 자기에게 관심 가져주길 바라고, 끊임없이 위로받길 원한다. 이런 사람들은 사이비 종교인들뿐만 아니라, 각종 사기꾼의 아주 좋은 먹잇감이다. 약간의 관심과 가짜 위로만 있다면, 이들의 환심을 사는 것은 그리 어렵지 않다. 이들의 심리를 어떻게 그렇게 잘 아냐고? 나도 한때 언제나 위로받길 원하고 늘 누군가에게 의지하려는 사람이었기 때문이다.

세상에 치이고 인간관계에 지쳐 삶이 너무나도 힘들 때, 나는 우연히 만난 사람들의 말에 속아 한 사이비 종교모임에 간 적이 있었다. 일은 너무 힘들고, 친구들은 모두 바쁘고, 누구 하나 내 이야기를 진심으로 들어줄 사람이 없어 지독한 외로움과 싸우고 있을 때, 길거리에서 두 사람이 조용히 내게 말을 걸어왔다.

그들은 당시 나의 일상에 존재하지 않는, 매우 친절한 사람들이었다. 나의 일상에는 삶에 찌들어 낯빛이 어두운 사람, 세상이 잘못됐다느니 혹은 누구 때문에 일이 잘 풀리지 않는다느니 등 항상 남 탓만 하는 부정적인 사람, 무뚝뚝하고 무미건조한 사람, 자기 일 외에는 남에게 관심 없는 사람들이 태반이었다. 늘 그런 사람들만 보던 중 나의 이야기에 집중해서 귀 기울여주고, 나의 한 마디 한 마디에 영혼이 담긴 리액션을 해주는 그들이 나타난 것이다. 그들은 과할 정도로 친절했다. 사람이 어찌나 그렇게 일관되게 미소를 잃지 않고 친절할 수 있는지, 그 순간만큼은 추호의 의심도 없이 그들에게 고마움을 느꼈다. '이렇게 각박한 세상에 그래도 좋은 사람들이 많구나'라고 속으로 생각했다. 그러나 그것은 완벽한 오산이었다. 이렇게 각박한 세상이므로 그런 사람들이 다가온 것이다. 모임에 가서야 사이비종교라는 것을 알아챈 나는, 뒤도 안 돌아보고 그곳에서 빠져나왔다. 이후에도 그들이 꾸준히 연락을 취해왔지만, 모두 차단하고 무사히 일상으로 돌아왔다.

마음이 불안해지면 무언가에 현혹되는 것은 시간문제다. 비단 사이비

종교뿐만 아니라, 돈이 없어 힘든 사람들에게 쉽게 돈을 벌게 해주겠다고 다가오는 각종 사기꾼도 조심해야 한다. 너무 당연한 이야기라 그런 걸 모르는 사람이 어디 있냐고 말할 독자들도 있을 것이다. 나는 이렇게 반문하고 싶다.

삶이 지독하게 힘들어서 차라리 죽는 것이 낫겠다는 생각이 들 정도로 열악한 환경에 놓여 본 적 있는가? 또, 당신을 정신적으로 굳건히 지탱해주던 모든 것들이 하루아침에 무너져 멘탈이 송두리째 뽑혀나가 버리고, 저 깊은 구렁텅이 속에 처박힌 마음의 밑바닥의 끝을 경험해본 적 있는가?

당신은 어떤가? 그런 경험을 한 적이 있는가? 아니면 그 정도까지는 아니라고 생각하는가? 저마다의 역경은 있겠지만, 삶의 근본이 흔들릴 만큼 엄청난 시련을 겪어본 사람은 그리 많지 않을 것이다. 대다수의 사람들은 큰 시련 없이 무난하게 살아간다. 사기를 당해 힘들어하는 사람들을 보며, "쯧쯧 얼마나 어리석으면 저런 것에 속아? 참 답답하다"라고 쉽게 이야기하는 사람들은 나의 질문에 "그 정도 경험까지는 해본 적 없다"라고 대답할 확률이 높다. 이들은 아마 '마음의 밑바닥의 끝'이 무엇인지 이해하기 힘들 것이다.

하지만 겪어본 사람들은 안다. 그것이 얼마나 지옥 같은지를. 그런 상태에선 사람이 제정신이 아니므로, 보통사람이라면 쉽게 간과할 수 있는 사기에도 잘 속아 넘어가는 것이다. 이처럼 사람은 마음이 불안정하면 올바른 판단을 내리기 어렵다. 마음이 병들어가고 있는데도 이를 계속 방치한다면, 더 큰 문제가 생길 수 있다. 그래서 항상 내 마음을 수시로 체크해야 한다. 현재 자신의 마음이 어떤 상태인지 알고만 있어도 사기꾼들의 말 중 절반은 거를 수 있다.

사람들은 불안할 때 위로받고 싶은 마음에 사람을 만난다. 하지만 불안할수록 더욱 만나면 안 되는 것이 사람이다. 의사의 처방을 받는 환자가 아닌 이상, 누군가에게 의지하기보다 스스로 불안감을 해소할 방법을 찾아야 한다. 하지만 방법을 찾지 못해 계속 불안한 마음 상태가 지속된다면 어떻게 해야 할까? 그 문제의 대처방안에 대해서는 3장의 "욕을 먹는다는 것"에서 자세히 설명하겠다. 이번 장에서는 마음이 불안하면 그만큼 속기 쉽다는 것을 꼭 기억하고 넘어가자.

우리가 속고 또 속는 이유

5. 의도적 숨김 파악능력 부재

어린 날의 내가 인간관계에 서툴렀던 가장 큰 이유 중 하나는, 사람들의 마음을 잘 몰랐기 때문이었다. 나는 보통사람들이 어떻게 생각하고 행동하는지 그리고 그들이 특정한 상황에서 어떤 마음을 느끼는지에 대해 자문해보기도 하고, 주변을 탐색하며 다양한 인물들을 연구하기도 했다. 연구했다는 말이 뭔가 거창한 것을 했다는 뜻은 아니다. '사람들은 특정한 상황에서 왜 저렇게 말하고 행동할까?'와 같은 질문을 던지면서 그 질문에 대한 답을 찾기 위해 끊임없이 탐구했다는 정도로 이해하면 좋을 것 같다.

그렇게 10년이 넘도록 다양한 경험을 하며 자문과 탐구를 거듭한 결과, 마침내 스스로 납득할만한 답을 찾아냈다. 그것은 바로, '사람들은 속마음을 쉽게 드러내지 않으려는 경향이 짙다'는 것이다. 이러한 사실은 모두가 알지만 굳이 입 밖으로는 꺼내지 않는, 인간사회의 암묵적 약속처럼 보였다(이 외에도 관계상의 암묵적 약속을 몇 가지 더 발견했는데, 역시나 모두가 알지만 딱히 말하지 않는, 그러나 나만 몰랐던 것들이었다).

　이 같은 결론이 나왔을 때 처음에는 도무지 이해할 수 없었다. 나는 속마음을 너무 잘 드러내는 사람이었기 때문이다. 어떤 사람을 만나서 무슨 대화를 나누든 내 마음을 활짝 열어 솔직하게 전부 다 말하고 싶었고, 모두가 나와 같은 마음일 거라 생각했다. 하지만 대다수 사람들의 마음은 내 마음과 달랐다(항상 느끼지만, 타인의 마음은 내 마음 같지가 않다). 그래서 그들에게 왜 속마음을 드러내지 않느냐고 직접 물어보았다. 내 물음에 대한 그들의 대답은 하나같이 방어적이었다.

"쪽팔리잖아."
"알아서 뭐하게?"
"굳이 그런 얘길 남들한테 왜 하나?"
"너는 쓸데없는 말을 자주 하는 것 같아."

　이 모든 말들을 압축해서 요약해보니, '자존심 때문에'라는 결론이 도출됐다. 방어적인 태도의 결정적 이유는 자존심을 지키고자 하는 마음으로 설명할 수 있었다. 그렇다. 사람들은 자존심 때문에 속마음을 잘 드러내지 않으려 하는 것이었다. 나는 이 사실을 깨닫고 보통사람들의 생각과 마음, 행동의 이유를 대부분 이해하게 되었다.

　우리가 속는 이유에 대해 이야기하는 줄 알았더니 사람 마음 이야기,

자존심 이야기가 왜 나오느냐고? 사람들의 마음 상태를 알아야 사기의 달인들에게 속지 않고, 우리 자신을 지킬 수 있기 때문이다. 게다가 이 것이 '두 번째 단서'로 가는 열쇠가 되기 때문이다.

나는 사람들이 속마음을 애써 말하지 않는 행위를 '의도적 숨김'이라고 부른다. 이 의도적 숨김의 첫 번째 단서는 바로 '자존심'이다. 당신에게 누군가 마음을 감추는 것이 보인다면, 그 이유는 웬만하면 첫 번째 단서(자존심)로 풀이할 수 있다. '저런 말과 행동은 자존심 때문이구나. 나에게 속마음을 알리고 싶어 하지 않는구나' 하고 말이다. 그러나 모두가 그토록 중요하게 여기는, 이 자존심이란 녀석을 굽히고서라도 마음을 숨기는 사람의 행동은 어떻게 설명할 수 있을까? 그것은 두 번째 단서인 '이득'으로 설명할 수 있다. 때때로 '이득'은 너무 쉽게 자존심을 뛰어넘어버린다.

앞서 말한 사이비종교를 예로 들어보자. 특정 사이비 교단에 몸담은 사람을 A라고 가정해보겠다. A는 자신의 종교에 매우 흡족해하며 꽤 오랫동안 이곳에 몸담고 있는 사람이다. 그러나 최근에 실적(사람을 데려오는 일)이 저조하여 교단 내 입지가 불투명해졌다. 언제나 그렇듯이, 단체생활은 항상 위계질서가 있는 법이다. A의 직책은 그리 높지도, 낮지도 않은 애매한 위치에 있다. 그러던 어느 날, 윗사람들의 지시가 내려왔다. 다가오는 사이비집회에 사람을 10명 이상 데려오면 직책을 높여주겠다는 지시사항이다. 그들은 단 1명도 빠짐없이 반드시 10이라는 숫자가 넘어가야 진급(?)시켜줄 수 있다고 말한다. A는 눈에 불을 켜고 사람들을 끌어들여 9명의 사람을 집회에 등록시키는 데 성공했다. 마지막 1명만 더 찾아낸다면, 교단에서 자신의 입지를 확실하게 다지고 실세를 거머쥘 수 있다. 그 마지막 1명은 바로 당신이다.

A는 당신을 설득하기 위해 '의도적 숨김'을 하며 최선을 다할 것이다. A는 듣기 좋은 달콤한 말을 늘어놓으며 당신의 마음을 뒤흔들 것이므로, 당신이 그의 의도적 숨김을 간파할 능력이 없다면 현혹되는 것은 시간문제다. 설령 당신이 A의 자존심을 상하게 하더라도, 그는 계속해서 마음을 숨기고 당신에게 접근할 것이다. 당신만 잡는다면 A는 매우 큰 이득을 취할 수 있기 때문이다. 끝내 당신을 설득시키지 못한다 하더라도, 그는 언제든 자존심을 버리고 새로운 타깃을 찾아 나설 준비가 돼 있을 것이다. 그런 A에게 과연 자존심 따위가 대수일까?

고난도의 사기수법을 쓰는 사람들은 자존심쯤은 헌신짝 버리듯 내팽개치고 자신의 목적을 이루기 위해 수단과 방법을 가리지 않는다. 이들은 자존심을 팔아서 얻을 수 있는 것들의 기대치가 훨씬 더 높다는 것을 안다. 정말이지 무서운 사람들이다. 정신을 바짝 차리지 않으면 이들에게 실컷 이용당하고 버려질 수도 있다. 나의 인생에서도 이런 사람을 몇 명 맞닥뜨렸는데, 사람의 심리를 어느 정도 알고 있다고 생각한 나도 감쪽같이 속아 넘어갈 뻔했다.

우리가 속고 또 속는 5가지 이유 중 이 내용을 왜 마지막에 넣었는지 아는가? 앞의 4가지 이유는 자신이 그러한 상태라는 것을 '인지'만 해도 충분히 속임을 피할 수 있지만, '의도적 숨김'은 다양한 경험과 연습으로 내공이 쌓이지 않으면 절대로 쉽게 파악할 수 없기 때문이다. 위의 예시는 쉬운 이해를 위해 사이비종교라는 극단적인 주제를 가정한 것뿐이다. 실제로는 비이성적 사상을 주입시키려는 가짜 사상가, 당신의 돈을 뜯어내려는 보이스 피싱 및 여타 금전 사기꾼, 근로계약을 어긴 채

직원들의 노동력을 착취하는 악덕 사장, 입버릇처럼 국민을 위한다고 말하는 정치인 등 각계각층에 초고수 사기꾼들이 서식한다는 사실을 알아야 한다.

그렇다. '존재'가 아니라 '서식'이다. 나는 이러한 부류들을 인간 이하로 본다. 이들은 인간의 탈을 쓴 짐승들이다. 사람은 끊임없이 발전하고 성숙할 수 있는 존재이기에 어떤 목적을 달성하기 위해 노력하는 것은 지극히 바람직한 일이다. 그런데 그 목적이나 과정이 법의 범위를 벗어나거나, 비도덕적이면서 타인의 인생을 망가뜨리는 일이라면 이야기가 달라진다. '서식'이며 '짐승'이라는 표현을 쓴 이유가 바로 여기에 있다. 남의 눈에서 피눈물 흘리게 하는 사람들은 반드시 그 자신들도 피눈물을 흘리게 될 것이다. '인과응보'나 '자업자득'과 같은 말들이 괜히 나온 것이 아님을 그들은 알아야 할 것이다.

그렇다면 의도적 숨김을 파악하는 능력을 기르기 위해서는 어떻게 해야 할까? 너무나 어려운 질문이지만, 숱한 경험으로 자연스럽게 얻은 나름의 해답을 들려주고자 한다. 나는 이 해답을 완전하게 숙지한 이후로, 단 한 번도 사기를 당한 적이 없다. 나에게 효과가 있었으므로, 당신에게도 자신 있게 말해줄 수 있다.

'가나다'라는 단체가 당신을 포함한 불특정 다수에게 일방적으로 "ABC를 해야 한다"고 주장하는 상황을 생각해보자. 그 단체는 본인들의 생각을 사람들에게 주입시키려고 한다. 당신은 "우리가 속고 또 속는 이유" 5가지를 읽고 경각심을 가진 사람이기에, 그들이 '의견'을 말하는지 '사실'을 말하는지 진지하게 한번 생각해볼 것이다. 그러나 이것만으로는 상대방이 사기꾼인지 아닌지 판단이 잘 서지 않는다. 그럴 땐, 그들이 '말하는 것'보다 '말하지 않는 것'을 봐야 한다. 그들이 무엇을 말하는지만 집중하지 말고, 그들이 무엇을 '안' 말하는지도 파악하라는 뜻이다. 만약 그들의 말이 사실이라고 해도, 말하지 않는 또 다른 사실이 감춰져 있을 것이라는 합리적인 의심을 해봐야 한다.

'가나다' 단체는 그들의 말대로 ABC를 했을 때, 어떠한 좋은 현상이 생기는지에 대해서만 구구절절 이야기할 것이다. 그러나 ABC를 했을 때 일어날 좋지 않은 현상이나 그에 따른 부작용·단점에 대해서는 절대 말하지 않을 것이다. 팔랑 귀를 가진 사람들은 이러한 상황에서 철저한 약자가 된다. 이들에겐 이쪽 말을 들으면 이쪽 말이 맞고, 저쪽 말을 들으면 저쪽 말이 맞는 것 같다. 이래서 사람은 끊임없이 배워야 한다. 남의 말에 휘둘리지 않으려면 자신만의 줏대가 필요하다. 그 줏대는 다양한 경험과 지식, 지혜로부터 사골육수처럼 우러나온다. 거기에 비판적인 자세는 기본이다.

이해가 되었는가? 핵심은 누군가 당신을 설득하고자 하는 말만을 귀 기울여 듣지 말고, 저 사람이 당신에게 어떤 사실을 숨기고 무엇을 이야기하지 않는지(의도적 숨김)에 대해서도 한번 생각해봐야 한다는 것이다.

사람들은 자주 의도적 숨김을 한다. 이 행위는 대부분 첫 번째 단서(자존심)로 풀이된다. 이 경우에는 그들의 숨김이 당신에게 딱히 피해를 주지 않으므로 크게 상관이 없다. 모두가 소중히 여기는 자존심을 지키기 위해 말을 하지 않는 것뿐이니 말이다. 그러나 그 사람의 의도적 숨김이 '자존심'만으로도 풀리지 않는다면, 두 번째 단서(이득)로 바꿔 대입해보라. 아마 실마리가 풀릴 것이다. 그때부터 당신은 스스로를 지키기 위해 주저 없이 경계태세를 갖춰야 한다.

한 번 속는 것은 상대에 대한 믿음 때문이고 두 번 속는 것은 자신에 대한 믿음 때문이며 세 번 속는 것은 판단력이 신통치 못한 뇌를 소유했기 때문입니다.

-이외수《사랑외전》

지금까지 우리는 사람이 왜 사람에게 속는지에 관한 5가지 이유를 상세히 알아보았다. 이 5가지 요인은 상호작용한다. 마음이 불안한 상태에서 사실과 의견을 혼동하고, 의도적 숨김을 파악하지 못하는 데다 욕심까지 부린다면, 각박한 이 사회에서 먹잇감이 되기 딱 좋다는 말이다.

먼저 내 마음 상태와 행동양식을 파악한 후에(이유 1, 2, 3, 4), 다른 사람의 마음과 행동을 읽어야 함(이유 5)을 잊지 말라. 현재 자신의 상태와 상대방의 의도를 안다면(지피지기), 적어도 본인의 어리석음으로 인해 남에게 속을 일은 없다(백전불태). 나쁜 사람들을 걸러내고 '관개'를 피해 나 자신을 온전히 지킬 수 있는 것이다.

04

존경하는 사람이
있어야 하는 이유

"스승은 부모보다 더 존경받아야 한다. 부모는 생명을 준 것뿐이지만,
스승은 잘 사는 기술을 주었기 때문이다."
-아리스토텔레스(철학자)-

당신은 존경하는 사람이 있는가? 만약 존경하는 사람이 단 한 명도 없다면, 당신의 마음은 피폐할 확률이 높다. 존경심은 삶의 태도에 관한 문제이기 때문에, 이것의 유무로 당신이 어떤 자세로 세상을 대하는지 알 수 있다. 누군가를 존경한다는 것은 그 사람에게 배울 점이 있다는 뜻이며, 배울 점이 있다고 생각하는 것은 배우고자 하는 태도를 갖추었다는 뜻이다. 배우려는 태도는 우리 마음속에 겸손함을 심어주고 나아가 인생을 발전시켜준다.

'팔십 노인도 세 살 먹은 아이에게 배울 것이 있다'는 말이 있다. 이 말은 '인간의 태도'에 관해 이야기하고 있다. 인생의 숱한 경험으로 이미 많은 것을 알고 있는 노인이라도, 끊임없이 배우려는 자세가 있다면

세 살 먹은 아이에게서도 배울 점을 찾아낸다는 것이다. 정말 훌륭한 태도이지 않은가?

물은 흘러야 하고 인간은 배워야 한다. 물이 흐르지 않고 한 장소에 계속 고여 있으면 어떻게 되는가? 당연히 썩는다. 인간도 마찬가지다. 이미 다 알고 있다며 배우지 않고 스스로 잘났다고 생각하며 자아도취에 빠져있으면, 그 사람의 인생은 점점 퇴보한다(이는 교만한 마음에서 비롯된 행동인데, 실제로 이런 사람들이 굉장히 많다). 이것은 당연한 이치다. 우리의 인생은 오직 배움으로써 발전에 발전을 거듭하는 것이다.

인생이 발전했다는 말은 생각과 행동에 지혜가 깃들었다는 말과 같다. 그 지혜는 어디서 오는가? 어떤 경험으로 인해 스스로 지혜를 터득할 수도 있지만, 그것은 일부분에 불과하다. 진짜 살아있는 지혜는 우리보다 먼저 인생을 경험하신 분들을 통해 배울 수 있다. 우리는 그분들을 스승님 또는 선생님이라고 부른다. 그분들은 살아있는 인생 교과서이며, 학교 공부보다 중요한 인생 공부를 가르쳐주신다.

인생 공부는 유연한 인간관계, 올바른 가치관, 삶의 지혜 등을 다룬다. 당신이 인간관계에 대한 실마리를 풀고 인생을 잘 경영하고 싶다면, 최선을 다해 당신을 올바른 길로 이끌어줄 스승을 만나야 한다. 물론 세상에는 잘못된 스승도 많기에 어떤 사람을 보고 배울지 결정하는 것은 당신의 몫이다.

올바른 스승을 만나 인생을 개척한 대표적인 인물로 가수 '비'를 꼽을 수 있다. 그는 박진영(JYP)이라는 참된 스승을 만나, 한국을 넘어 세계에서도 인정받는 댄스가수가 될 수 있었다. 그런데 만약 비가 교만하고, 스승에 대한 존경심마저 없었다면 어떻게 됐을까? 아마 박진영 프로듀서는 더 이상 그를 가르치려 하지 않았을 것이고, 현재 우리가 알고 있는 비라는 가수는 존재하지 않았을지도 모른다. 최고의 스승을 만나도 태도가 불량하다면, 결국 아무것도 배울 수 없다. 비가 성공할 수 있었던 가장 큰 이유는 좋은 스승을 만난 것도 있지만, 무엇보다도 마음속 깊이 스승에 대한 존경심을 품고 있었기 때문이 아니었을까?

20대 후반에 접어들 무렵, 아버지와 함께 영업자들을 대상으로 한 인문학 강의를 들으러 간 적이 있다. 그때 강의하신 교수님께서 이런 말씀을 하셨다.

"Attitude is everything."

모든 것은 태도에 달려있다는 말이다. 살면서 단 한 번도 생각해본 적 없는 말이었기에, 이 말은 당시 나에게 큰 울림을 주었다. 우리는 학교에서 '노력' 또는 '재능'에 대한 이야기를 주로 듣고 자라왔다. 선생님들은 학생들의 태도가 특별히 나쁘지 않은 이상, 그저 군말 없이 넘어가는 것이 보통이었다. 그런데 그 교수님께서는 "성공적인 인생을 살기 위해 가장 중요한 것이 있다면, 그것은 재능이 아닌 태도입니다"라며, 태도가 얼마나 중요한지를 계속 말씀하셨다.

성공적인 인생에는 당연히 성공적인 인간관계도 포함된다. 나는 이 말을 관계에 대입하여 생각해보았다. 우리가 타인을 대할 때, 그를 적으로 만드느냐 아군으로 만드느냐는 오로지 우리의 태도에 달렸다고. 이 말은 무조건 남 보기에 좋은 태도를 갖춰야 한다는 뜻이 아니다. 내가 아무리 노력해도 물과 기름처럼 절대 섞일 수 없는 껄끄러운 관계가 존재하기 때문이다. 그런 관계는 굳이 친해지려고 할 필요는 없지만, 그렇다고 해서 굳이 적으로 만들 필요도 없다. 그래도 만만하게 보여서는 좋을 것이 없기에, 때로는 단호한 태도로 주변인들에게 내가 함부로 대해도 되는 사람이 아니라는 것을 보여줄 필요가 있다. 사람들이 나를 친절하게 대하게 만드는 것도, 함부로 대하도록 만드는 것도 결국 나의 '태도'에 달려 있는 것이다.

우리에게 필요한 자세는 스스로 좋은 태도를 갖추기 위해 노력하는 것, 오직 그뿐이다. 유유상종이란 말처럼, 훌륭한 태도를 갖춘 사람 주변에 훌륭한 사람이 모여들지 않을까? 나는 올바른 태도만이 건강한 인간관계의 열쇠라고 믿는다. 그리고 올바른 태도를 갖추기 위해서, 존경심을 우선으로 가져야 한다는 것이 이번 장의 요지다.

그런데 사람들은 대개 자신이 존경하는 사람에 대해 이야기하는 것보다 마음에 들지 않는 사람의 흠을 잡고 흉보는 것을 더 좋아하는 듯하다. 혹시 당신은 어떤가? 최근 한 달 동안 누군가와 대화할 때, 당신이 존경 또는 좋아하는 사람의 장점을 칭찬하며 이야기한 횟수가 많았는가, 아니면 싫어하는 사람을 뒤에서 욕하고 그의 단점을 이야기한 횟수가 많았는가? 만약 후자라면, 반성하는 태도를 갖춰야 한다.

세상에서 가장 불행한 사람은 남의 단점만 보는 사람이다. 왜일까? 단점은 대개 사람들이 싫어하는 어떤 것이다. 단점만 찾아내려 애쓰는 사람은 일부러 자기 주변에 싫어할만한 것들이 득실대도록 만들고 있는 사람이다. 싫어하는 것들이 우글거리면 당연히 부정적인 마음이 생길 수밖에 없다. 근데 잠깐, 처음부터 부정적인 마음을 가져서 그 사람을 싫어하게 된 게 아닐까? 아니면 그 사람을 싫어해서 마음이 부정적으로 변한 걸까? 마치 닭이 먼저냐, 달걀이 먼저냐 같은 질문이다. 내 대답은 이렇다. "그게 무슨 상관이람. 어쨌든 그런 사람들의 인생이 불행하다는 건 변함이 없는데."

우리는 아무리 꼴 보기 싫은 사람일지라도, 그 사람의 단점보다는 장점을 찾아보려는 태도를 가져야 한다. 누구를 위해서? 바로 나 자신을 위해서다. 그 사람을 위해서가 아닌, 내 마음의 고요와 평안을 위해 웬만하면 긍정적으로 생각할 필요가 있다. 게다가 장점을 찾아 칭찬하는 태도는 단점을 찾아 흉보는 태도보다 인간관계를 훨씬 더 윤택하게 만든다. 누군가 나를 좋게 봐주고 칭찬하면 기쁜 마음이 먼저 생기는 것이 인지상정 아닌가?

내가 경험한 정말 신기한 일이 한 가지 있다. 그것은 바로 우리가 자주 이야기하는 사람을 조금씩 닮아간다는 것이다. 싫어하는 사람을 자주 생각하고 이야기하면 어느새 그 사람의 단점을 닮아가고, 좋아하는 사람을 주로 생각하고 말하면 나도 모르게 그 사람의 장점을 닮아간다. 그러니 누군가를 흉보는 것은 자기 살을 파먹는 행위와 다를 바가 없다. 반면에, 누군가를 칭찬하는 것은 나를 더욱 긍정적이고 발전적인 사람으로 만들어준다.

내 말이 사실인지 아닌지 지금 당장 확인해보라. 당신이 만약 아버지를 싫어한다면 그리고 그러한 아버지에 대해 자주 불만을 토로한다면, 자기도 모르게 아버지와 비슷한 행동을 하고 있음에 깜짝 놀랄 것이다. 당신이 특정 아이돌 가수나 연예인 또는 여타 성공한 사람을 좋아하는데 그들이 인성과 매너, 겸손함까지 갖춘 사람이라면, 그들에게 감화받아 그러한 행실을 본받고 싶어 할 것이다. 본받고자 하는 마음이 강하면 실제 행동으로 이어져, 어느새 예전보다 한층 더 성숙한 사람이 된 자신을 발견하게 될 것이다. 이것이 우리가 누군가에 관하여 어떻게 생각하고 이야기할지를 신중하게 선택해야 하는 이유다.

나의 가까운 지인 중, 장사로 성공하고자 했던 두 사람이 있었다. 그들은 어릴 때부터 그쪽 분야에서 이미 성공하신 분(그들의 사장)에게 일을 배우고 있었다. 나는 자연스레 그 모습을 몇 년 동안 지켜보았다. 두 지인 모두 장사에 관심과 열정이 있었고, 온순하고 착실한 성격의 소유자였다. 그랬던 그들이 언제부턴가 점점 말투가 거칠어지고 성격이 포악해지는 것이 아닌가? 전혀 그런 사람들이 아니었는데, 바짝 날이 선 말을 내뱉는 모습을 볼 때마다 상당히 당혹스러웠던 기억이 떠오른다.

특히, 지인 한 명은 나를 만날 때마다 항상 자신의 사장에게 쌓인 불만을 표출하며 그를 욕했다. 시간이 갈수록 우리의 대화 중에 그의 사장이 등장하는 빈도가 높아졌으며, 급기야는 그 사장이 아니면 대화 소재가 고갈되는 지경에 이르렀다. 그는 언제나 자신의 사장을 욕할 준비가 되어있었다. 그의 머릿속은 사장에 대한 원망과 한으로 가득했다. 나도 그들의 사장님을 잘 알고 있다. 능력 있고 배울 점이 많고 굉장히 성공하신 분이지만, 때때로 독설을 아무렇지 않게 내뱉는 분이기도 했다. 그래서였을까. 그분 밑에서 7년 가까이 배워 온 두 사람은 자신들도 모르게 그분의 독한 혀를 닮아가고 있었다.

현재는 두 지인 모두 그분과의 일을 정리하고 각자의 길을 걷고 있다. 나는 두 지인에게 사장님에 대한 존경심을 가지고 있었냐고 물어보았다. 한 사람은 이렇게 이야기했다. "그때는 몰랐지만 지금 와서 생각해 보니, 그분은 내가 현실을 빨리 깨우치기를 바라는 마음에 더욱 심하게 말씀하셨던 것 같다. 그분도 사람이기에 분명 잘못할 때도 있었지만, 인생을 가르쳐주신 분이기에 그 점에 대해서는 감사한 마음을 가지고 있으며 여전히 그분을 존경한다."

나머지 한 사람은 이렇게 대답했다. "그 사람 이야기는 꺼내지 않았으면 좋겠다. 존경할만한 사람이 있어야 존경하든지 말든지 하지. 이제 아무도 믿지 않는다. 앞으로는 오로지 나 자신만 믿고 살 것이다."

두 사람의 태도의 차이가 느껴지는가? 당신이라면 어떤 태도를 취하겠는가? 나는 존경심을 가진 사람이 그렇지 않은 사람보다 더 나은 인간관계를 맺고, 더 수월한 인생을 살 것이라고 확신한다.

05

눈물이 없는 사람은
위험하다

"슬플 때 울지 않으면 다른 장기가 대신 운다."
-헨리 모즐리(정신과 의사)-

눈물이 없는 사람. 이게 무슨 뜻일까? 혹시 '피도 눈물도 없는 사람'이라는 뜻으로 해석했다면, 오해하지 말라. 그런 뜻은 아니다. 내가 말하는 눈물이 없는 사람은 '눈물이 잘 나오지 않는 사람', '감정이 무뎌져 눈물이 메마른 사람', '눈물이 나올 것 같으면 억지로 참고 울지 않는 사람'을 뜻한다.

당신은 어떤 사람인가? 힘들어도 눈물이 부끄러워 꾹 참고 절대 울지 않는 사람인가? 아니면 조금만 슬퍼도 새벽 풀잎에 이슬 맺히듯 자연스레 눈물이 차오르는 사람인가? 나는 전자에 속한 사람이었다. 정확히 말하면 울음을 참는 것이 아닌, 울고 싶은데 눈물이 잘 나오지 않는 체질이었다. 이런 체질은 경험상 결코 좋지 못했다. 대인관계에서 힘든 일로 울고 싶은 순간에 울지 못하면, 시간이 흐른 뒤 항상 문제가 발생했기 때문이다. 감정의 응어리를 해소하지 못하고 계속 쌓아두면 언젠가는 반드시 곪아 터지기 마련이다. 곪아 터진다는 것은 관계가 파탄나거나, 몸과 마음과 정신에 병이 든다는 뜻이다(이러한 체질은 훗날 우울증에 상당한 영향을 주었다).

반면에 후자의 사람들은 어떤가? 이들은 철없는 아이 같은 사람, 약하고 성숙하지 못한 사람으로 취급받는다. 우리는 어릴 때부터 남들 앞에서 우는 것은 칠칠치 못한 행동이라고 교육받아왔다. 그래서 힘들어도 쉽게 울지 못하고, 남몰래 눈물을 훔쳐야 했던 친구들이 많았다. 끝내 참지 못하고 울음을 터뜨리면 또래 친구들에게 놀림을 받거나, 어른들에게 꾸지람을 듣는 것이 현실이었다. '남자는 태어나 세 번 운다'와 같은 속담이나, '산타할아버지는 우는 아이에게 선물을 안 주신대'와 같은 노랫말을 보면, 그동안 우리 사회가 얼마나 눈물에 관대하지 못했는지 잘 알 수 있다.

하지만 다행히도, 시대가 변함에 따라 눈물에 대한 인식도 조금씩 바뀌고 있는 것 같다. 요즘에는 예전의 억압된 환경과는 달리, 자유분방한 환경에서 자란 친구들이 많다. 그래서 그런지 자신의 감정을 솔직하고 당당하게 표현할 줄 아는 사람이 매력적인 사람으로 평가받는다. 힘들면 힘들다고 말하는 사람이 그렇지 않은 사람보다 자신의 정신건강을 더 잘 지킬 수 있게 된 것이다. 그럼에도 불구하고 여전히 눈물을 흘리는 행위에 고정관념을 가진 사람들이 적지 않다. 만일 당신도 그런 사람 중 한 명이라면, 곧이어 나오는 내용을 주목하라. 눈물에 대한 낡은 인식을 비판하는, 요즘의 세태를 잘 반영한 노래를 소개하겠다.

넌 지금 슬프다

그건 슬픔의 요정이 네 눈꺼풀 위에

아주 고약한 슬픔 가루를 뿌려서 그런 거야

전설에 따르면

저 별에 닿을 정도의

높은 울음만이

가루를 씻어낼 눈물을 만든다더군

근데 넌 왜 울질 못하니

왜 슬픈데 울질 못하니

야 그거 다 병이야

…

바보야 아픈데 왜 아프다고 못해

야 이 바보야 슬픈데 왜 슬프다고 못해?

…

야 울어!

괜찮아 울어

…

눈물이 빗발친다

어이 박형! 시원하게 한번 울어줘!

…

괜찮아 울어

-마미손 〈별의노래(feat. 유진박)〉 가사 中

정말 멋진 가사이지 않은가? 이 노래는 시대의 압박으로 울고 싶어도 울지 못해 (외적으로나 내적으로나) 병든 사람들에게, 괜찮으니까 시원하게 한 번 울어버리라는 메시지를 던지고 있다.

꾹 참았던 눈물을 한바탕 쏟아내고 나면, 왠지 가슴이 뻥 뚫리는 느낌을 받는다. 당신도 그런 경험이 있을 것이다. 그런데 만약 눈물샘이 터지려 할 때마다 억지로 울음을 참고, 꽉 막힌 상태를 그대로 내버려둔다면 어떻게 될까? 한두 번 정도는 괜찮을 수 있다. 그러나 이것이 오랜 시간에 걸쳐 태산같이 쌓인다면, 훗날 우리의 몸과 마음에 상당한 해를 끼칠 만큼 위험하다.

2007년에 방영된 SBS 스페셜 다큐멘터리 〈신이 내린 묘약-눈물〉은 다음과 같이 말하고 있다.

슬플 때 울지 않으면 몸이 대신 운다. 인간의 원초적 감정 표현인 눈물은 단순한 의사표시가 아니다. 인간의 생존 방식 중 하나이다. 눈물을 흘리지 않으면 몸이 대신 아프다는 것은 과학적으로 속속 밝혀지고 있다. 1977년, 미국에서 인간눈물 화학성분의 자연적 효과를 검증하여 '우는 것이 건강에도 좋다'라는 주장을 뒷받침할만한 논문이 발표되었다.

이 논문의 저자는 미국의 뇌신경학자이자, 생화학자인 윌리엄 프레이 박사다. 윌리엄 프레이 박사는 우리가 감정적인 눈물을 흘릴 때, 그 눈물에 카테콜아민이 다량 포함되어 있다는 사실을 밝혀냈다. 카테콜아민은 인간이 스트레스를 받을 때 생성되는 호르몬이다. 이 호르몬이 반복적으로 분비되면 만성위염과 같은 소화기 질환 발병확률과 혈중 콜레스

테롤 수치가 높아지고, 심하면 심근경색과 동맥경화의 원인이 될 수 있다고 한다.

그런데 이 카테콜아민을 몸 밖으로 배출시키는 역할을 하는 것이 바로 눈물이라는 것이다. 그는 눈물과 인간수명의 상관관계에 대해서도 언급하며 "남성이 여성보다 수명이 짧은 것은 여성보다 잘 울지 않기 때문"이라고 말했다. 억압된 감정이 인간의 기대수명을 단축시키고 일찍 사망에 이르게 할 수도 있다는 것이다. 그의 말을 통해 우리는 슬픔·분노와 같은 감정을 눈물로 해소하는 것이 지극히 자연스러운 일이며, 동시에 굉장히 중요한 일이라는 것을 알 수 있다.

이 채널에 방영된 눈물에 관한 흥미로운 연구결과는 이뿐만이 아니다. 류머티즘 분야의 권위자이자, 일본에 류머티즘학과를 창설한 요시노 신이치 교수는 류머티즘의 원인인 '인터로킨-6'가 '울음'을 통해 믿을 수 없을 정도로 감소한다는 것을 확인했다. 요시노 교수는 실제로 '울음'을 류머티즘 환자들을 치료하는 방법으로 사용하고 있다. 그의 주장에 따르면, 일본에 한류가 시작된 것도 눈물의 치료 효과 덕분이라고 한다. 그는 제작진과의 인터뷰에서 이렇게 말했다.

배용준이 왜 일본에서 인기가 있는가 하면, 〈겨울연가〉가 울고 또 울고 울다가 지치게 만들어요. 배용준이 굉장히 미남이고 좋은 배우지만, 무엇보다 눈물을 흘리게 만들었어요. 그것이 지금 이 일본의 시대에 딱 들어맞는 겁니다. 왜냐하면 일본은 지금 스트레스 사회이기 때문입니다.

이번엔 국내 사례를 예로 들어보자. 눈물치료 책《울어야 삽니다》의 저자 이병욱 박사는 대한민국 암 치료의 권위자이며, 암 대체의학 전문 의학박사다. 그는 자신의 저서에서 "가장 정직하게 눈물을 흘리는 시간 은 꼭 필요하다. 모든 것을 토해내듯이 울어라"고 말한다. 그리고 울지 못하는 것이 우리 몸에 치명적이라는 사실을 환기하며, 이렇게 덧붙였다.

제가 만난 수많은 암 환자들 중에서 가장 낫기 힘든 환자는 바로 마음이 완전 히 돌처럼 굳어진 사람입니다. 신이 내린 자연치유제는 바로 눈물입니다. 눈 물은 하늘이 내려주신 천연항암제입니다. 저는 오래 전부터 암 환우들에게 웃 음치료와 함께 울음 치료를 해오고 있습니다. 확실한 것은 이 치료들은 육신 의 면역력을 높여주고 있습니다.

다이애나 황태자비 사망사건을 아는가? 나는 이 사건이야말로 눈물 의 영향력이 가장 극명하게 드러난 사례라고 생각한다.

영국 다이애나 왕세자빈이 1997년 의문의 교통사고로 사망했을 때 영국은 눈 물바다였다. 흥미로운 것은 장례식이 끝나고 한 달간 영국 내 정신과 병원이 나 심리상담소를 찾는 환자의 수가 평소의 절반으로 줄었다. 언론에서는 이를 '다이애나 효과Diana Effect'라고 칭했다. 눈물을 흘리며 원 없이 운 것이 혼란 스러운 마음에 안정을 주고, 우울감 해소에 긍정적으로 작용한 것이다. 울음 은 감정을 정화하는 카타르시스 효과가 있을 뿐 아니라, 스트레스로 만들어진 아드레날린과 같은 물질을 배출하는 기능을 해 이와 같은 효과를 낸다.

−월간《인산의학》2019년 3월호

위의 사례들만 보아도 눈물을 흘리는 것과 흘리지 않는 것의 차이가 얼마나 큰지 체감이 될 것이다. 눈물 많은 사람은 인생을 살아가는 데 굉장히 유리한 무기를 지닌 사람들이다. 이 말은 눈물 없는 사람들이 그만큼 불리하다는 뜻과 같다. 그러니 울고 싶을 땐 속이 후련해질 때까지 우는 것이 좋다. 남들의 시선 때문에 눈물을 흘릴 절호의 기회를 놓치지 말라. 우는 것이 부끄러운 것이 아닌, 울지 못하는 것을 부끄러워해야 하는 사회가 되어야 한다.

셰익스피어는 힘들 때 우는 자는 삼류, 웃는 자는 일류라고 했다. 하지만 그의 말은 틀렸다. 현시대는 오히려 그 반대가 맞는 말이다. 즉, 힘들 때 우는 것이 일류다. 우연히 한 인플루언서가 자신의 게시물에 셰익스피어의 말을 인용하며, 지금 힘들지만 자기는 일류라서 절대 울지 않는다고 말하는 것을 보았다. 그런데 그 게시물에 달린 댓글이 인상적이었다.

"힘들 때 웃는 건 미친 겁니다."

눈물이 메말라갈수록 대인관계에서 발생하는 스트레스로부터 자신을 지키기 어려워진다. 반면에 눈물을 흘릴 줄 아는 당신은 아름답다. 의식적으로든 무의식적으로든, 소중한 자신의 몸과 마음을 지키려 노력하고 있기 때문이다. 그러나 당신이 여태껏 우는 행위에 부정적인 입장을 취했던 사람이라면, 이제는 눈물에 대한 인식을 재고할 필요가 있다.

돌이켜보면 나의 우울증은 10년 동안 참아왔던 감정의 결정체가 아닌가 싶다. 제때 풀지 못한 감정의 찌꺼기들이 모여, 우울증이라는 거대한 벽을 형성한 것이다. 서툰 인간관계, 소극적인 태도, 일방적인 비난

등으로 인해 학창시절에 느꼈던 온갖 해로운 감정들을 그때그때 처리하지 못하고, 늘 억지로 웃으며 넘겼던 지난날들이 참으로 후회스럽다. 그때의 내가 단 한 번이라도 크게 목 놓아 울어봤다면, 정체를 알 수 없는 검은 우울의 그림자를 조금이라도 날려 없애버릴 수 있지 않았을까.

당신이 부디 나와 같은 경험을 하지 않기를 바란다. 이미 우울증을 앓아 본 적이 있다면, 절대로 그 무시무시한 병이 재발하지 않기를 바란다. 마음의 감기는 언제든지 마음의 폐렴으로 번질 수 있기 때문이다. 가장 좋은 방법은 처음부터 그런 성가신 병에 걸리지 않는 것이다. 치료보다 중요한 것은 예방이니까. 그래서 우리는 마음의 병을 눈물로써 예방해야 한다.

당신이 인간관계로 지치고 힘들 때마다 끊임없이 올라오는 부정적인 감정을 잘 다스리고, 다시 활기찬 일상을 이어가기 위해서는 '티어타임(tear time)'이 필요하다. 그렇다. 티타임(tea time)이 아니라, 티어타임(tear time)이다. 이것은 상처받은 당신을 치료해주는 회복의 시간이자, 언제 드러날지 모르는 마음의 병을 예방하는 시간이다. 평소 눈물이 많은 사람이라면, 특별한 노력 없이도 이러한 시간을 충분히 가질 수 있을 것이다. 그러나 눈물이 없는 사람들이 티어타임을 가지려면 '우는 노력'이 필요하다. 당신은 보통 언제, 어느 시기에, 어떤 상황에 눈물이 나오는가? 당신이 실컷 목 놓아 울음을 토해낼 수 있는 장소는 어디인가? 그 장소에서 무엇을 생각하며 울 것인가? 굉장히 중요한 질문이니, 이 질문들을 토대로 스스로 답을 찾길 바란다.

참고가 되길 바라며 나의 경우를 이야기해주겠다. 나는 어지간한 일로는 눈물이 잘 나오지 않는다. 그런데 '엄마'라는 단어를 들으면, 메말

랐던 눈물샘에 자극이 가해진다. 아버지께는 미안하지만, 나에게는 '엄마'가 더 강력한 단어인 것 같다. 마음이 공허할 때마다 동네에 있는 코인노래방에서 엄마와 관련된 노래를 부르면, 어느새 잔잔한 파도와도 같은 눈물이 뺨을 타고 주르륵 흘러내린다. 나는 이런 식으로 쌓여왔던 감정을 종종 해소하곤 한다. 나만의 티어타임을 어떻게 가져야 할지 모르겠다면, 당신에게도 이 방법을 추천한다. 특히 비 내리는 저녁, 흐르는 빗물처럼 당신의 감성도 촉촉하게 젖은 날에는 좀 더 성공적인 티어타임을 가질 수 있을 것이다.

06

누군가는
쌓여 있다

"서로에게 익숙해질수록 서로에게 미숙해지더라."
-하상욱(시인)-

스물여섯 살 때 마케팅 회사에 취직하여 1년 정도 영업을 배워본 적이 있다. 회사에서 배웠던 기술을 토대로 영업을 하며 고객명단을 정리하던 중, 우연히 어느 고객의 상태 메시지에 적혀 있는 글귀를 보았다. "서로 친구인 두 사람이 있다. 둘 중 한 사람의 수고로 다른 한 사람이 안락을 누리지 않아야 좋은 관계다."

읽자마자 소름이 돋았다. 관개의 정곡을 찌르는 말이었다. 또한, 사람들이 인간관계로 힘들어하는 여러 이유 중 가장 핵심적인 이유를 짚은 말이었다. 잠시 깊은 생각에 잠겼다가 고개를 들어 한숨을 크게 한 번 내쉬었다. 주변 사람들과의 관계에 미숙하기만 했던 지난날들이 떠올라서였다.

언제나 그렇듯이, 쓰라린 경험은 우리에게 교훈을 준다. 나는 나의 수고로 타인이 안락을 누리는 경우와 타인의 수고로 내가 안락을 누리는 경우를 둘 다 경험해보았다. 전자는 이미 관계가 끝이 났고, 후자는 관계가 거의 끝날 뻔했다. 확실한 건 두 경우 모두 누군가는 감정이 쌓여 있었다는 것이다. 쌓인 감정은 언젠가 터지기 마련이다. 감정이 쌓이기 전에 대화를 통해 제때 풀어주는 것이 정말 중요한데, 우리나라 사람들은 '참는 것이 미덕'이라며 그냥 넘어가는 경우가 부지기수다. 많은 사람이 오해하고 있는 것이 있다. 자신의 속을 썩이면서까지 무작정 참기만 하는 것은 절대 미덕이 아니라는 사실이다. 자신의 마음조차 제대로 다스리지 못하는 사람이 무슨 미덕을 쌓겠다는 말인가? 진심으로 타인의 감정을 생각하고 지켜주고 싶다면, 내 마음을 다스리는 게 먼저다. 하늘은 스스로 돕는 자를 돕는 법이다.

관계가 깨지는 결정적인 이유는 누군가가 마음의 짐을 지고 있기 때문이다. 처음에는 가벼웠던 짐이 그 사람을 만나는 횟수에 비례하여 점점 무거워진다. 초반에는 '이 정도쯤은 괜찮아'라며 넘어갔지만, 시간이 갈수록 무거워지는 짐으로 인해 어깨가 짓눌리고 숨이 차기 시작한다. 그러다 마침내 선택의 순간이 온다. 이대로 짐에 눌려 쓰러질 것인지, 아니면 짐짝을 벗어던지며 감정을 폭발시킬 것인지. 후자를 선택하면 상대방은 깜짝 놀라 당신에게 물을 것이다. "아니, 갑자기 왜 그래?"

당신의 헌신적인 수고로 끝없는 안락을 누려왔던 그 사람은 당신의 행동을 이해하지 못한다. 그는 이 관계에서 짐을 진 적이 없기 때문이다. 이것은 누구의 잘못인가? 일방적으로 마음의 짐을 쌓고 있었던 당신의 편을 들어주길 바라겠지만, 나는 그럴 마음이 전혀 없다. 이 책은 독자들에게 어쭙잖은 위로로 듣기 좋은 말만 늘어놓는 흔한 관계철학 에세이가 아니다. 나는 당신의 기분이 나쁘더라도 진실을 말할 것이다. 듣기 좋은 위로는 잠깐 동안 마음을 편하게 할 순 있어도, 인생을 살아가며 겪어야 할 대인관계에는 실질적인 도움이 되지 않기 때문이다. 나는 당신이 현재 마주한 관계의 문제에서 보다 근본적인 해결책을 찾길 바란다. 그렇기에 더더욱 진실을 말할 것이다.

그렇다면 진실은 무엇인가? 바로 '아무도 당신에게 강제로 마음의 짐을 지라고 시키지 않았다'는 것이다. 당신은 그 누구도 시키지 않은 짓(제때 감정을 풀지 않고 쌓아둔 행위)을 하며 혼자서 꾸역꾸역 참아오다가, 감당이 되지 않자 울분을 터뜨리며 그 사람을 원망하고 있다. 이것이 진실이다.

이번 장에서는 나의 수고로 친구가 안락을 누렸던 경험을 들려주고자 한다. 또, 누군가의 수고로 우리가 안락을 누리고 있지는 않은지도 살펴보고자 한다. 잘잘못을 따지기 위함이 아니라, '한 사람의 감정이 쌓여가는 과정이 이렇구나'라는 정도로 봐주길 바란다. 당신의 수고 덕분에 누군가가 안락을 누림으로써 억지로 관계를 이어가고 있지는 않은지, 또는 누군가의 수고로움으로 당신이 안락을 누리고 있는 것은 아닌지 잘 생각해보고, 타산지석으로 삼길 희망하는 바이다.

1. 나의 수고로 타인이 안락을 누리는 경우

우리는 보통 어떤 사람을 처음 만날 때 조심스럽고 신중하게 행동한다. 처음 보는 사람에게 민폐를 끼치지 않기 위해서다. 당신을 처음 본 그 사람도 마찬가지다. 초면에는 서로 적당한 선을 지키기 때문에 서로 간 감정이 쌓일 일이 없다. 그러다 시간이 흘러 서로를 차차 알게 된다. 서로가 어떤 사람인지 자연스럽게 파악하게 되는 것이다. 만약 관심사가 비슷하거나 대화가 통한다면 공감대가 형성되어 관계는 부쩍 가까워진다. 그리고 친구가 된다.

그러나 이때부터 관계에 영향을 주는 크고 작은 문제들이 발생한다. 그것은 아주 사소한 것일 수도, 매우 큰 것일 수도 있다. 여기서 문제를 회피하려 하거나 혼자서 다 감당하려 하는 것은 어리석은 행위다. 나는 그 어리석은 행위를 아주 오랜 시간 반복해왔다.

어릴 때 만난 친구 N이 있다. 우리는 초등학교를 제외하고는 각자 다른 학교에 다녔지만, 꾸준히 연락하며 돈독한 우정을 쌓아왔다. N은 매우 올곧고 바른 성품의 소유자였다. 자기주장도 뚜렷해서 '옳은 것은 옳다, 아닌 것은 아니다'라고 확실하게 말할 줄 아는 소신 있는 친구였다. 인사성도 바르고, 어른을 공경할 줄 알며, 매너와 인성, 정직함과 성실함까지 갖춘 그는 여러모로 배울 점이 참 많았다. 이렇게 멋진 N이 내 친구라는 사실이 매우 자랑스러웠지만, 때때로 나를 힘들게 하는 그의 단점 몇 가지가 있었다. 첫째는 융통성이 부족하다는 것이었고, 둘째는 자기 생각을 남에게 강요한다는 점이었다. 융통성을 발휘하여 그냥 넘어갈 수도 있는 일에도, 자기 기준에 맞지 않으면 꼭 짚고 넘어가는 그의 행동으로 인해 마음이 불편한 적이 여러 번 있었다.

한번은 N의 생일을 맞아 친구들과 함께 케이크를 준비해 그의 집 근처에서 만난 적이 있다. 각자 바쁘게 살다가 오랜만에 만나 시간 가는 줄 모르고 담소를 나눴다. 그때 당시 나는 진로에 대한 고민으로 휴학한 상태였다. 휴학 기간이 거의 다 끝나가는 시기였지만, 여전히 갈피를 못 잡고 방황하고 있었다. N은 오랜만에 만난 나에게 근황을 물었고, 나는 현재 상태를 그대로 말해주었다. 그랬더니 그의 표정이 굳어졌다. 그러고는 도대체 지금까지 뭘 했냐며 나를 나무라기 시작했다. 갑작스러운 정색에 너무나도 당황스러웠고 어처구니가 없었다. 생일을 축하해주러 왔는데 도리어 생일 당사자의 꾸지람을 들을 줄이야.

그가 나를 걱정해주고 생각해주는 마음은 알았지만, 이건 아니다 싶었다. 모두가 오랜만에 만난 자리였고, 좋은 날이니만큼 즐거운 분위기 속에서 즐거운 이야기를 나누고 싶었다. 기분이 굉장히 언짢았지만 차마 화를 낼 수는 없었다. 1년에 1번밖에 없는 생일에, 그것도 정말 친한 N의 생일이기에 분위기를 망치고 싶지 않아서였다. 다행히 며칠 뒤 N이 이날 있었던 일을 사과했고 나도 마음이 풀려서 그럭저럭 넘어갔다. 그런데 문제는 여기서부터 시작되었다. 이 사건 이후, N과의 불화를 만들고 싶지 않았던 나는 화나는 일이 있더라도 그냥 참아야겠다고 생각했다.

N은 평소 자신이 자주 가는 국밥집으로 나를 초대했다. 나도 국밥을 좋아하는 편이지만 그날따라 다른 음식을 먹고 싶었다. 하지만 그가 정말 맛있다고 극찬을 하는 집이라 순순히 N의 의견을 따라주었다. 그러나 반전이 있었다. 평생 먹어본 국밥을 통틀어 그렇게 맛없는 국밥은 처음이었다. 국밥이란 것 자체가 맛없기가 힘든 음식인데, 그걸 해내는 집이었다. N은 대학생활 내내 이 식당의 단골이었다며, 너무 맛있지 않느

냐고 내게 물었다. 나는 그의 기분을 상하게 하고 싶지 않아서 정말 맛있다고 거짓말을 해버렸다. 그냥 솔직하게 말하면 됐을 것을, 이런 사소한 것들이 하나하나 쌓여 앙금으로 남는다는 것을 그때는 알지 못했다.

마음의 짐은 계속 쌓여만 갔다. 가끔 N과 함께 새 학기에 필요한 옷이나 가방 등을 사러 가면, 그는 꼭 자신의 패션 스타일을 나에게 강요하곤 했다. 내가 마음에 드는 옷을 사 입으려고 하면 N은 "그런 스타일은 요즘 아무도 입지 않아. 차라리 이렇게 입는 게 더 낫지"라며 자신의 기준을 고집했다. "요즘 입지 않는 옷이라고 해서 사면 안 된다는 법이 있냐?"라고 되묻고 싶었지만, N이 무안해 할 것 같아 차마 그 말을 꺼내지 못했다. 그 외에도 N과 여행을 가면 반드시 그가 원하는 각도에서 사진을 찍어줘야 했고, 내가 먹고 싶은 음식을 사 먹으려고 하면 좀 더 싸고 가성비가 좋은 곳을 찾아보자며 자연스레 배고픔의 시간을 연장시켜주었다. 처음 한두 번은 괜찮았다. 하지만 여러 가지 사소한 것들을 자꾸만 맞춰주다 보니 언제부턴가 N과 함께 있는 시간이 즐겁지 않았다. N을 만나는 날엔 마음이 무거워졌고, 해결해야 할 숙제가 생긴 느낌이었다.

고구마를 먹은 듯 답답해하는 독자들의 모습이 보인다. 결국 내 감정은 폭발했고, N은 아무런 영문도 모른 채 잔뜩 화나 있는 나를 보며 당혹감을 감추지 못했다. 어린 날의 나는 N에게 문제가 있다고 생각했지만, 사실 가장 큰 문제는 내게 있었다. 사람은 누구나 장단점이 있다. 그래서 관계를 맺는다면 서로가 상대의 단점을 어느 정도 수용하는 자세가 필요하다. 그런데 그것을 온전히 혼자서 다 감당하려고 한 행위가 문제였던 것이다. 일찍부터 내 감정이 언짢으면 언짢다, 화가 나면 화가 난다고 솔직하게 말했으면 N도 그 사실을 반성하고 다음부터 조심하려 애썼을 것이다. 내가 말하지 않고 혼자서 꾹 참고만 있었기에, 상대방은 아무것도 모르고 그냥 넘어간 것이다. 누군가는 이렇게 물을지도 모른다. "괜히 말했다가 분위기 망치고 사이가 나빠지면 어떡해요?"

왜 분위기를 망치는 원인이 본인에게 있다고 생각하는가? 애초에 상대방이 당신의 마음을 불편하게 만들지 않았다면, 당신이 화날 일도 없었다. 우리는 자신의 감정을 스스로 도울 용기를 가져야 한다. 자신에게 솔직해져라. 당신은 친구가 떠나갈까 봐 혹은 싸우게 될까 봐 말하기가 두려운 것이다. 바로 내가 그랬다. 당시 쌓인 감정을 표현하기 위해 그의 단점을 부각시켜 말한 것뿐이지, N은 단점보다는 장점이 훨씬 많은 친구였다. 좋은 벗을 만난다는 것은 절대 쉬운 일이 아니란 것을 알기에 더더욱 주의를 기울였고, 사소한 일은 참고 넘어가며 그의 기분을 맞춰 주었다. 나는 N과 싸우고 싶지 않았다. 불화를 만들고 싶지 않았다. 무엇보다도 죽마고우였던 그와 오랫동안 좋은 관계를 유지하고 싶었다. 그러나 아이러니하게도, 그런 마음(무작정 참고 넘어가려는 마음)이 N과 나의 사이를 멀어지게 만들었다. 나의 어리석음으로 N을 떠나보내고 만 것이다.

이 경험 이후 더 이상 대인관계에서 오는 부정적인 감정을 쌓아두지 않기로 했다. 누군가에게 섭섭한 마음, 서운한 감정, 사소한 불만이 쥐꼬리만큼이라도 남아 있다면, 그에게 사실대로 솔직히 말하고 대화를 통해 제때 풀었다. 신기한 점은 나의 예상과 달리 대부분이 "네가 그렇게 생각하는 줄 몰랐다"며 자신의 잘못을 인정하고 진심으로 사과한다는 것이었다.

'중이 제 머리를 못 깎는다'는 속담처럼, 사람들은 타인의 허물은 곧잘 파악해도 정작 자신의 허물은 보지 못하는 경우가 많다. 평생 안 볼 사이가 아니라면, 누군가 당신을 언짢게 만들 때마다 반드시 이야기를 해주어야 한다. 그래야 같은 실수를 반복하지 않고, 그에 따라 내 감정을 지키며 오랫동안 좋은 관계를 유지할 수 있다. 만약 당신이 진심 어린 마음으로 이야기를 해주었는데도 불구하고, 상대방이 그것을 인정하지 않고 계속해서 당신의 마음을 불편하게 한다면 스스로를 지키기 위해 용기 있는 결단을 내려야 할지도 모른다. 내 멘탈을 지키기 위해 계속해서 감정을 쌓이게 만들었던, C와의 관계를 과감히 끊은 것처럼 말이다(36쪽 참고).

상대방의 감정을 지켜주기 위한 마음은 분명 좋은 마음이다. 그러나 타인의 감정을 생각하기 이전에, 먼저 나 자신의 감정을 지킬 줄 알아야 함을 명심하라. 더 이상 배려해준답시고 남몰래 온갖 감정의 짐을 혼자서 쌓다가, 훗날 그것을 한꺼번에 터뜨려 내 마음 상태를 전혀 몰랐던 상대방을 곤란하게 만들어서는 안 될 것이다.

Yeah yeah 그때의

난 거짓말쟁이

나를 매번 속이며

내 안엔 원하지도 않던

헛된 바램이

어느새부턴가 생겨

그걸 따라가다 보니

나보단 이 세상이

더 행복해했어

I apologize to myself

I'm sorry

내가 원하는 걸

인정하지 않아서 미안해

-비와이(BewhY) 〈Day Day(Prod. by GRAY)(feat.박재범)〉 가사 中

2016년 여름, '비와이 열풍'의 주인공 비와이는 개인적으로 정말 멋있다고 생각하는 가수다. 그의 랩을 듣고 신선한 충격을 느꼈다. 이 노래의 가사를 인간관계의 측면에서 바라봤을 때, 깨달은 점이 있어 당신에게 들려주고자 한다.

"그때의 난 거짓말쟁이 나를 매번 속이며"

관계를 맺고 유지하는 것에 미숙했던 예전의 내 모습이 떠올랐다. 좋은 관계를 유지하기 위해서는 거짓말을 해서라도 상대방의 기분을 맞춰줘야 한다고 생각했다. 그리고 그것이 옳다고 스스로를 꽤 오랫동안 속여왔다.

"내 안엔 원하지도 않던 헛된 바램이 어느새부턴가 생겨"

참으로 모순적인 말이다. '바램'이란 것 자체가 '원하는 무엇'인데, 원하지도 않던 바램이라니. 하지만 인간의 마음은 모순적일 때가 많기에

이 구절이 상당히 와 닿았다. 사람들과 친해져서 사이좋게 지내고 싶다 보니(바램), 내 감정이 상할 때까지 일방적으로 상대방에 맞춰주며 억지로 친한 관계를 유지하려 했던(원하지 않던 바램) 나의 모습을 보는듯했다.

"그걸 따라가다 보니 나보단 이 세상이 더 행복해했어"

그런 식으로 관계를 맺다 보니 어느새 나의 행복은 온데간데없고, 나와 관계를 맺은 사람들만 행복해하고 있었다. 그 누구도 시키지 않았던 수고를 감당하며 그들을 안락하게 해주었었다.

"I apologize to myself. I'm sorry"

타인의 마음은 잘만 돌보면서도, 정작 본인의 마음은 돌보지 않았던 내게 미안함을 느끼고 진심으로 사과했다.

"내가 원하는 걸 인정하지 않아서 미안해"

사실 내가 원하는 좋은 관계란 이런 방식으로 맺어지는 것이 아니란 걸 알고 있었다. 하지만 두려움 때문이었을까? 그것을 인정하지 못하고 어리석은 실수를 반복했던 과거를 반성했다.

2. 타인의 수고로 내가 안락을 누리는 경우

사실은 우리 모두가 이미 누군가의 수고로 안락을 누리며 살고 있다.

그 누군가는 바로 가족이다. 생각해보라. 당신이 지치고 힘들 때, 짜증나고 화날 때, 슬프고 우울할 때, 그 모든 감정을 받아준 사람들은 당신의 형제자매 그리고 부모님이 아니었던가? 그들은 당신의 '감정받이'를 해준 것도 모자라 진심으로 당신을 생각해주고 또 걱정해주기까지 한다. 물론 예외도 있겠지만, 흔히 우리가 '가족'이라 부르는 사람들은 정말로 그렇게 행동한다. 우리는 가족들의 노고로 상당한 정서적 안락을 누리며 살고 있는 것이다.

나 역시 형제와 부모님 덕분에 말로 형용할 수 없을 만큼의 정서적 안락을 누리며 살아왔다. 하지만 종종 그 사실을 잊고 그들의 마음을 아프게 할 때가 있었다. 익숙함이 반복되면 당연하게 받아들이는 간사한 마음 때문이다. 내가 장남이라는 이유로, 형이라는 이유로, 하나밖에 없는 남동생은 식습관이나 기상 시간 등 나의 생활방식에 정말 많은 부분을 맞춰주며 살아왔다. 어릴 때는 그런 것들을 당연하게 여겼지만, 나이를 먹고, 철이 들고, 생각이 깸에 따라 그런 마음이 얼마나 잘못되었는지를 깨닫고 반성했다.

한번은 나로 인해 감정의 짐을 쌓다가 마침내 폭발한 동생과 크게 싸운 적이 있다. 그 마음을 헤아려주지는 못할망정 도리어 역정을 냈던 것이다. 그 일 이후 동생과 나는 소통을 단절하고 반년 가까이 서로 한마디도 하지 않았는데, 지금 생각하면 너무나도 부끄럽다. 그때 만약 내 잘못을 인정하지 않고 끝까지 사과하지 않았더라면, 아마 지금까지 화해하지 못했을지도 모른다. 하지만 다행히도 내 잘못을 깨닫고, 진심으로 동생에게 용서를 구했다. 현재는 '형제의 여행'을 따로 떠날 정도로 우애가 두텁다. 언제부턴가 둘 중 한 명이라도 감정이 쌓이려고 하면,

항상 대화를 통해 제때 푸는 습관을 갖춘 덕분이다. 이 습관 덕분에 20대 후반이 되어서야 비로소 제대로 된 형 노릇을 하고 있다.

당신은 어떤가? 현재 당신과 관계를 맺은 모든 사람에게 아무런 불만이 없는 상태라면, 당신 주변의 누군가는 당신에게 감정이 쌓여있을 가능성이 높다. 그 누군가가 당신의 사소한 것들을 맞춰주고 있기에, 당신이 지금 불만 없이 안락을 누리고 있는 것은 아닐까? 소중한 관계를 오랫동안 유지하고 싶다면 곰곰이 생각해보길 바란다.

사실 진짜 문제는 누가 내게 맞춰주고 있는지 잘 모른다는 것이다. "내가 너에게 이렇게까지 맞춰주고 있어"라고 대놓고 말하는 사람은 거의 없기 때문이다. 사람들은 좀처럼 자신의 속마음을 잘 드러내지 않는다. 그래서 인간관계가 어려운 것이다. 이때 우리에게 필요한 것이 바로 '눈치'다. 눈치가 빠른 사람들은 주변 사람의 감정을 잘 파악하고 상황에 맞는 임기응변 또한 뛰어나다. 확실히 이들은 엄청나게 유리한 '관계의 기술'을 가지고 있다.

눈치는 우리에게 너무나 중요하고 유용한 기술이지만, 안타깝게도 학교 교과서에는 눈치 과목이 없다. 여담이지만 나는 학교에 눈치를 가르쳐주는 정식 수업이 있어야 한다고 생각한다. 오늘도 눈치 없는 사람들은 너무 힘들게 관계를 맺고, 유지하고 있다. 만약 눈치를 교육받을 수 있다면, 시행착오를 줄이고 대인관계를 훨씬 더 매끄럽게 만들 수 있을 것이다.

그런데 눈치를 교육받을 수 없다면? 너무 걱정하지 말라. 이론보다 중요한 것은 실전이다. 이 세상은 실전으로 가득 차있다. 많은 사람을 만나고 다양한 갈등을 겪으며 문제를 해결하다 보면 아주 자연스럽게 자기만의 관계법을 터득하게 될 것이다. 태생적으로 눈치가 없었던 나도 이 사람 저 사람 가릴 것 없이 닥치는 대로 겪어보고, 또 누군가에겐 데여 보기도 하면서 나름의 해답을 찾았다. 그 해답의 결과가 바로 이 책이다. 이 책을 보고 있는 당신 또한 머지않아 자신만의 답을 찾게 될 거라 믿어 의심치 않는다. 반짝거리는 눈으로 이 글을 읽고 있는 그 태도는 이미 당신이 더 나은 사람이 되어가고 있다는 증거다. 앞 장에서 언급했듯이, '태도가 전부'이니까.

다시 본론으로 돌아가자. 분명 지금 누군가의 수고로 내가 안락을 누리고 있는 것 같은데, 당최 누가 나를 맞춰주고 있는지 눈치로 가늠할 수 없다면, 한 가지 좋은 방법이 있다. 주변 사람들에게 "고맙다"고 자주 말하라. 고맙다고 말하는 것이 멋쩍다면, 행동으로 고마움을 표시하라. 맛있는 식사를 대접하거나, 근사한 생일선물을 챙겨주는 것으로 당신의 마음을 표현하면 된다. 핵심은 당신과 관계 맺은 사람들의 호의를 당연하게 생각하지 않는 것이다. 감사함의 반대말은 당연함이다. 보통 당연한 것에는 감사를 잘 느끼지 못하기 때문이다.

나에게 맞춰 주는 사람을 오래 만나다 보면
내가 하는 게 다 좋아서 맞춰 주는 것 같지만

실은 자신이 좋아하는 것을 하지 않고
나에게 양보해준 게 훨씬 많습니다.

그래서 당연한 것에도 고맙다고

습관처럼 자주 말해준다면

양보해주는 입장에서는

훨씬 의미를 느끼고 기분이 좋아져

더 오랫동안 좋은 관계를 유지할 수 있습니다.

-글배우 《지쳤거나 좋아하는 게 없거나》

나는 천생연분 같은 것은 없다고 생각한다. 천생연분이니 잉꼬부부니 하는 단어들은 끊임없이 서로를 이해하고 맞춰주려는 노력의 결정체라고 본다. 그러한 이해와 배려 없이 그저 남들에게 좋은 모습만 보여주려고 쇼하는 부부를 우리는 쇼윈도부부라고 부른다. 겉으로 좋아 보이는 모습에 속지 마라. 적어도 둘 중 한 명은 속이 썩어 문드러지고 있을 것이다.

우리는 건설적인 관계를 만들어 나가야 한다. 아무리 친한 사람이라도, 자주 만나 같이 생활하다 보면 반드시 갈등이 생기기 마련이다. 갈등은 감정의 쌓임으로 이어지고, 그것이 지속되면 어떤 결과를 초래하는지 이제는 말하지 않아도 잘 알 것이다. 갈등이 일어나는 것은 막을 수 없지만, 감정의 쌓임은 막을 수 있다. 그것을 어떻게 지혜롭게 잘 풀어내느냐가 오래가는 관계의 핵심이다.

기억하라. '누군가는 쌓여있다.' 더 이상 그 사람의 감정이 쌓이지 않도록, 제때 마음을 알아차리고 현명한 행동을 취해야 할 것이다.

제2장

지기(知己),
나를 알다

너 자신을 알라.

-소크라테스-

07

우리는 모두
소인배다

"빈 수레가 요란하다."
-속담-

당신은 자기 자신을 얼마나 잘 알고 있는가? 한 가지 중요한 질문을 해보겠다. 솔직하게 대답하길 바란다. 당신은 남들과 다르다고 생각하는가? 아니면 남들과 다를 바 없다고 생각하는가? 당신은 평범한 사람인가? 아니면 남다른 사람인가? 평소 생각하는 것, 행동하는 것, 지금까지 살아온 방식 등 어떤 것이든 상관없다. 당신은 '진심'으로 보통사람들과 '다르다'고 느끼는가?

만약 그렇다고 생각한다면, 지금 통장에 있는 액수를 한 번 확인해보라. 아마 남들과 다를 바가 없을 것이다. 스마트폰을 꺼내 연락처를 훑어보고, 당신이 평소 만나는 사람들의 수준을 생각해보라. 아마 남들과 다를 바가 없을 것이다. 여느 때처럼 당신이 살아온 오늘 하루를 돌이켜보라. 아마도, 평범한 사람들이 보내는 하루와 별반 다르지 않을 것이다.

보통의 사람들은 정말 특별한 경우-모두가 놀랄만한 압도적인 재능 또는 환경을 타고난 경우-가 아니면 큰 차이가 없다. 그저 보통사람들처럼 먹고 자고 생각하고 행동한다. 그중에 좀 더 성실하거나, 리더십이 있거나, 아니면 남들보다 조금 더 탁월한 사람이 있을 뿐이다. 처음부터 자신이 남들과 다르지 않다고 생각했다면 당신은 자기 분수를 잘 알고 있는 사람이다.

그런데 꽤 많은 사람이 자신은 남들과는 다르다고 생각하며 살아간다. 그들의 생각은 대략 이렇다. '나는 누군가에게 멋진 친구이자 선배 또는 연인이며, 봉사 정신이 투철하고 내 사람에겐 누구보다도 따뜻하고 친절하다. 나는 이기적인 남들과 달라서, 나의 이득보다는 항상 남을 먼저 생각한다. 나는 의리가 있고 열정적이며 독립심이 강하고, 불의를 보면 참지 못하는 정의로운 사람이다. 나는 썩어빠진 이 세상에서 보기 드문 괜찮은 사람인데, 아직 나의 가치를 제대로 아는 사람들은 많지 않다. 나는 남들과는 다르게 잘못한 것이 있으면 쿨하게 사과하고 인정할 줄 아는 사람이다. 나는 일 처리가 확실하고 인생을 즐길 줄 알며, 공사를 확실히 구분하는 객관적인 사람이다. 주변을 아무리 둘러봐도 나처럼 괜찮은 사람을 찾기란 쉽지 않다. 그래서 나를 몰라본다면 이것은 너의 손해다. 왜냐하면, 적어도 나는 평범한 보통사람들보다는 훨씬 더 나은 사람이기 때문이다.'

믿기 힘들겠지만, 실제로 이러한 생각을 가지고 살아가는 사람들이 정말로 많다. 좋은 말은 죄다 자신에게 갖다 붙인다. 누군가 다가와서

"정말 멋지네요. 당신은 참 괜찮은 사람인 것 같아요"라고 말하면, 겉으로 아무렇지 않은 듯 겸손한 척하지만, 사실 속으로는 매우 기뻐하며 우쭐해 한다.

우리가 다른 사람들과 차별을 두면서
다른 사람들보다는 잘났다고 생각하는 이유는
우리 안 어디에 열등감이 아직 자리 잡고 있기 때문입니다.
우월감은 열등감이 있기 때문에 존재해요.

-혜민《완벽하지 않은 것들에 대한 사랑》

결론부터 말하자면, 이런 사람들은 전형적인 소인배다. 나는 학창시절부터 이런 부류를 수없이 만나왔다(물론 나도 이들처럼 생각하고 행동한 적이 있었다). 이들은 자기보다 잘난 사람에게 배우기보다, 자기보다 못난 사람을 훈계하는 것을 좋아한다. 소심하고 자존감이 낮은 친구들은 이들의 좋은 먹잇감이 된다. 이들은 자부심 하나는 충만해서 자기보다 못난 사람을 적극적으로 가르치려 들며, 남들이 자신을 선망의 대상으로 바라보는 데서 추진력과 자신감을 획득한다. 물론, 잘못된 자신감이지만 말이다.

이들이 정말 가증스러운 점이 또 한 가지 있다면, 스스로 대인배인 척한다는 것이다. 소인배가 대인배인 척하면 어떻게 될까? 잠깐은 멋있어 보일지 몰라도 훗날 반드시 관계에 탈이 난다. 대인배인 척 행동하는 대표적인 유형으로는 '밥 사주기'가 있다.

"오늘은 내가 한턱낼게. 부담 갖지 말고 다들 맛있게 먹어." 그 말대로 맛있게 먹었더니 나중에 자기가 사줬던 음식으로 꼭 생색을 낸다. 큰맘 먹고 사줬으니까 언젠가 받아먹어야겠다는 생각을 가지는 건 썩 좋은 태도가 아니다. 그렇게 생각했다면 그것은 사준 것이 아니라 투자한 것이다. 그럴 거면 처음부터 안 사주느니만 못하다. 이런 사람들은 흔히 말하는 '꼰대'의 특징을 가지고 있는 사람들이다. 이들은 겉으로는 주변 사람을 위하는 좋은 사람인 척 행동하지만, 실제로는 자신의 이득을 모조리 챙겨 먹는다. 행동은 소인배인데 반해, 존경과 실리 둘 다 얻고 싶은 것이다. 정말 사회악이 아닐 수 없다. 당신은 절대 이런 사람이 아니길 바란다. 이런 사람들은 본인에게도, 주변 사람들에게도 나쁜 영향을 끼치고 다니기 때문이다.

절대다수의 사람들은 평범하다. 평범한 사람들은 보통 그릇의 크기가 작다. 그러므로 사회 전체 구성원 중 절대다수가 소인배라고 봐도 무방하다. 특별할 것 없는 나도, 지극히 평범한 당신도, 우리는 모두 소인배인 것이다. 그 안에서 스스로 소인배라는 사실을 아는 사람과 모르는 사람이 존재할 뿐이다. 자기 분수를 알고, 겸손함을 갖추고, 끊임없이 배우고자 하는 태도를 갖춘 사람들은 언젠가 진짜 대인배가 될 수도 있다. 그러나 자기 분수를 모르고 과도한 자의식에 빠져 남들과 다르다고 생각하는 사람들은 죽을 때까지 소인배에 머무르거나, 아예 시정잡배로 전락할 가능성이 높다. 극히 드물긴 하지만, 시정잡배를 뛰어넘어 완전히 인생을 막살아가는 무뢰배가 되는 사람도 존재한다.

왜 내가 평범한 소인배임을 알아야 할까? 그래야 '내가 최고'라는 근거 없는 오만한 생각으로부터 벗어날 수 있기 때문이다. 또한 그것을 기점으로 스스로 부족한 부분을 찾아 개선하고, 그릇의 크기를 키워 인생에 실질적인 발전을 이뤄낼 수 있다.

이럴 때 아들러 심리학이 중요하게 내세우는 것이 '평범해질 용기'일세. 왜 '특별'해지려고 하는 걸까? 그건 '평범한 자신'을 받아들이지 못하기 때문이지. 그러니까 '특별히 잘하는' 상태가 실패로 돌아가면 극단적으로 '특별히 못되게 구는' 상태로 빠르게 넘어가는 걸세. 그런데 보통인 것, 평범한 것은 정말로 좋지 않은 걸까? 어딘가 열등하다는 뜻인가? 실은 누구나 평범하지 않나? 그 점을 깊이 생각해볼 필요가 있네.

-기시미 이치로, 고가 후미타케《미움받을 용기》

처음부터 특별하면서 대인배인 사람은 없다. 현재 '유느님'으로 불리는 국민 MC 유재석도 한때는 소인배였다는 사실을 아는가? 그는 철없는 시절, 자신이 세상에서 가장 웃긴 사람이라 생각했다고 한다. 그도 그럴 것이 그는 만 19세의 어린 나이에 당시 규모가 있는 개그 콘테스트에 입상했다. 게다가 그 기세로 정식 개그맨 데뷔까지 일사천리로 이루어냈다. 이를 지켜본 그의 동료들은 그에게 '천재'라는 별명을 붙여 주었다. 유재석은 항상 주변 사람들에게 재밌다는 칭찬을 받고 살아서 그런지, 진짜 자신이 최고인 줄 알았다고 한다. 그러나 그런 생각과 태도는 그를 최고의 자리로 데려다주지 못했다.

그는 제1회 KBS 대학 개그제에서 당연히 본인이 대상을 받을 것이라 생각했지만, 예상과 달리 장려상을 받게 되었다. 자신의 기대에 한참 못 미치는 수상에 기분이 나빴던 그는 모두가 지켜보는 자리에서 대놓고 불만을 표출했다. 그 불만은 귀를 파면서 무대로 걸어 나오는 행동으로 이어졌는데, 당시 그 행동을 지켜본 선배들은 경악을 금치 못했다고 한다. 유재석은 한 예능프로그램에서 그때를 회상하며 "내가 TV 나오면 전국이 난리가 날 줄 알았을 정도로 건방졌다. 하지만 현실은 초라했다"고 고백했다. 그 사건 이후 그는 자신이 최고가 아니란 사실을 깨닫고, 끊임없이 배우고 부족한 점들을 고쳐나갔다. 결국 그는 자타공인 대한민국 최고의 MC로 거듭났고, 현재 우리가 알고 있는 바로 그 대인배, 유재석이 되었다.

다수에게 인정받는 성공자들은 모두 이와 비슷한 과정을 거치지 않았을까. 중요한 점은 스스로 얼마나 부족한 사람인지 깨닫고, 교만함이 올라오는 것을 경계하며, 얼마나 오랫동안 꾸준히 앞으로 나아갈 수 있는 가이다. 현재 내 위치에서 배워야 할 것들이 무수히 많다는 사실을 알고 부족한 부분을 채우기 위해 꾸준히 노력한다면, 일취월장을 넘어 환골탈태까지도 가능하다는 것이 나의 지론이다.

철없던 중학생 시절, 나도 내가 남들과 다르다고 생각했었다. 선생님과 어른들을 보면 꼬박꼬박 인사하고, 길가에 쓰레기가 있으면 주워서 쓰레기통에 집어넣고, 항상 바른 말 고운 말을 쓰며, 남들이 싫어할만한 행동은 일절하지 않았다. 나는 스스로가 독립적인 사람이고, 남들에게 항상 베풀며, 의리와 끈기, 열정을 가진 멋진 사람이라고 생각했다. 어린 날의 나는 마치 살아있는 도덕 교과서인 것처럼 행동했기에 마땅히 칭찬받아야 할 사람이라고 스스로를 치켜세웠다. 친구 한 명은 나에게 '바른 생활 청년'이라는 별명을 붙여줬고, 한 선생님께서는 "FM 같은 녀석"이라고 말씀해주셨다. 그것을 칭찬이라고 생각한 나는 더욱더 교만해져 '나는 남다르다'라는 생각을 대학생 때까지 쭉 이어나갔다.

단순히 남들보다 조금 더 바르게 행동했을 뿐인데, 자신을 필요 이상으로 대견하게 여겼던 나는, 마치 인간의 도리를 다 갖춘 사람인 것 마냥 스스로를 예의의 대가라 여겼다. 나보다 더 훌륭한 인품을 갖추고 훨씬 바르게 사는 사람들이 많은데, 그때의 어린 눈으로는 무엇이든지 남들보다 내가 더 나아 보였던 것 같다.

꽤 오랜 시간이 지나서야, 나를 포함한 대다수의 사람들이 자기 자신을 본모습보다 높게 평가하는 경향이 있음을 알게 되었다. 나만 남들과 다르게 생각하는 사람인 줄 알았는데, 다른 사람들 또한 과도한 자부심과 스스로 남다르다는 생각을 지닌 채 살고 있음을 알고 적잖이 충격을 받았다. 내 머릿속에 있는 것은 남들 머릿속에도 있다는 사실을 그때 처음으로 깨달았다. 이후 이것과 관련하여 나를 굉장히 부끄럽게 만든 문장을 접하게 됐는데, 당신에게도 소개하고 싶다.

사람은 누구나 약간은 자기 자신에 도취되어 있다. 물론 자기도취가 아주 심한 사람도 있는데 이런 사람일수록 별 볼일 없고, 또한 이런 사람은 남에게 해를 끼치기 일쑤다. 자기도취는 자신에 대한 과대평가, 열등의식 등 여러 가지 원인이 있는데, 어떤 원인이든 그 모든 것이 현실 착각에서 비롯한다.

-김승호 《운명수업》

인간은 누구나 나름의 능력이 있고, 그 능력은 대개 비슷비슷하다. 내가 매일 생각하는 것은 남들도 매일 생각한다. 나라고 뭔가 대단히 특별할 것이 없다는 말이다. 자신이 굉장히 특별하다고 생각하는 사람은 특별히 모자란 사람이라고 봐도 무방하다.

-김승호《돈보다 운을 벌어라》

공자(孔子)가 평생을 바쳐 공부한 학문이라고 알려진 주역(周易). 그 주역을 50년 이상 연구한 주역학자 김승호 씨는 독자들에게 정말 예리한 지적을 해주었다. 나 역시 분수를 알지 못하고, 자아도취에 빠져 특별히 모자란 생각을 하는 사람이었던 것이다. 아무도 나에게 관심이 없는데, 특별하고 남다른 사람 행세를 하고 살아왔던 스스로가 부끄러워졌다. 그리고 깊이 반성했다. 스물여섯이 되어서야 비로소 내가 남들보다 딱히 잘난 것 없는 소인배이며, 앞으로 배우고 고쳐나가야 할 점들이 무수히 많다는 사실을 인정하게 되었다.

그러한 사실을 인정한 바로 그 순간부터, 내 인생에 변화가 일어나기 시작했다. 사람과 사물을 객관적인 시각으로 바라보고, 그에 따라 '나'라는 사람에 대해 더 잘 알아가고, 거기서 나아가 다른 사람들의 묘한 심리를 파악하고, 그 심리를 바탕으로 대인관계에 융통성을 갖추고, 난감한 상황에 대한 뛰어난 처세술까지 익힐 수 있었다. 나이를 한 살 더 먹을수록 지혜가 한 단계씩 상승했고, 세상을 바라보는 안목이 이전과는 비교할 수 없을 정도로 넓어졌다. 이렇게 하루하루 발전하는 자기 모습을 지켜보는 것이 얼마나 큰 기쁨인지 아는가? 일취월장을 몸소 느끼는 기분은 그 무엇과도 바꿀 수 없다.

이 모든 것이 스스로 소인배임을 인정하는 것에서부터 시작되었다는 것을 믿을 수 있겠는가? 나 자신을 객관적으로 바라볼 수 있을 때, 비로소 내가 나아가야 할 방향이 보인다. 그 방향으로 꾸준히 나아가다 보면, 인생이 발전하는 것은 시간문제다. 누군가는 "다들 자기 잘난 맛에 사는 것 아니겠어?"라고 말할지도 모른다. 미안한 말이지만, 자기 잘난 맛에 사는 사람일수록 별 볼 일 없는 놈이다. 나는 스스로 '잘났다'고 생각하는 사람 중에 진짜 '잘난 놈'을 단 한 명도 본 적이 없다. 오히려 진짜 잘난 놈, 멋있는 놈이라고 생각되는 사람일수록 겉이 아닌 속까지 겸손한 이들이 많았다.

가장 먼저 나와 남의 공통점을 발견하는 것으로부터 인생의 승부를 시작해야 한다. … 성공한 사람은 보통사람들, 즉 서로 별반 차이 없는 사람들 중에서 끊임없이 자신을 고쳐나갔던 사람이다. 처음에는 남들과 비슷했지만, 서서히 자신을 변화시켜 앞서간 것이다

-김승호 《돈보다 운을 벌어라》

아직도 인정하기 싫겠지만, 우리 모두는 평범한 소인배다. 우리는 특별하지 않다. 당신은 결코 남들과 다르지 않다. 이 사실을 깨닫고 나면 힘이 빠질 수도 있다. 이해한다. 나도 그랬으니까. 그러나 당신이 주변 사람들과 더 나은 관계를 맺고 좀 더 수월한 인생을 살아가기 위해서, 자신에게만큼은 더 엄격한 기준을 적용하도록 노력해야 한다. 여기

서 주의할 점은 내가 남들과 다르지 않다고 해서, 특별하지 않다고 해서 스스로 무가치하다고 여기지 않아야 한다는 것이다. 특별한 사람이라고 해서 더 가치 있다는 생각은 위험하다. 당신의 평범한 친구가 밥 먹을 돈이 없어 당신의 집으로 찾아온다면, 그가 단지 평범하다는 이유로 굶주림에 허덕이게 놔둘 것인가? 배고픔의 서러움을 아는 당신은 설사 그가 망나니 같은 친구라 해도, 따뜻한 밥 한 끼를 대접하지 않겠는가? 평범하든, 특별하든, 대인배든, 소인배든 생명은 모두 소중하니까 말이다.

당신이 소인배라도 너무 실망할 필요는 없다. 발전은 지금부터 시작이니까. 이제부터라도 남들과 다른 차이를 만들어나가 보라. 남다른 인생은 타고나는 것이 아니라 만들어지는 것이다. 당신은 이제 모든 것이 태도에 달려있다는 것을 안다. 어떤 자세를 가지고 살아가는 것이 당신을 성장시켜줄지는 세상이 알려줄 것이다. 세상은 언제나 정답을 말해준다. 세상이 내게 가르쳐준 분명한 한 가지는, 일단 그 사실(당신이 소인배라는 것)을 인정하고 정진하는 자세가 우리를 좀 더 성숙한 인간으로 만들어주는 것이 틀림없다는 것이다.

자신이 소인배임을 알았다면, 소인배들의 전형적인 태도가 어떠한지를 아는 것도 당신에게 큰 도움이 될 것이다.

이 말을 토대로 정리해보면 세상에는 다음과 같은 네 종류의 인간이 존재한다는 사실을 알 수 있다.

①자신에게 너그럽고, 다른 사람에게도 너그러운 사람

②자신에게는 너그럽지만, 다른 사람에게는 냉정한 사람

③자신에게는 냉정하지만, 다른 사람에게는 너그러운 사람

④자신에게 냉정하고, 다른 사람에게도 냉정한 사람

사람은 여기에서 어떤 모습이어야 할까? 순위를 매긴다면 내 경우에는 '③자신에게는 냉정하지만, 다른 사람에게는 너그러운 사람'이 가장 이상적이다. 최하위는 '②자신에게는 너그럽지만, 다른 사람에게는 냉정한 사람'이다.

-나토리 호겐《신경 쓰지 않는 연습》

소인배들은 보통 자기 자신에게는 관대하고 남에게는 엄격한 편이다. 아마 이 부분은 당신과 나도 피해갈 수 없는 사실일 것이다. 반대로 대인배들은 보통 자신에게 굉장히 엄격하지만 남들에게는 한없이 따뜻한 편이다. 남들에게 관대하면서 자기 자신에게는 엄격한 것은 매우 어려운 일이다. 그럼에도 언제나 이런 태도를 갖추고 살아가는 그들이 참으로 존경스러울 따름이다.

일본의 행동하는 승려로 잘 알려진 나토리 호겐은 자신을 어떻게 대하는지보다 타인에게 따뜻할 수 있느냐가 더 중요하다고 보았다. 비록 자신을 냉정하게 대할 수 없을지라도, 타인에게 따뜻한 태도를 갖추는 것이 더 중요하다는 말이다. 우리는 타인을 따뜻하게 대함으로써 세상을 좀 더 밝게 만들고, 어제보다 더 나은 사람이 될 수 있다.

당신이 스스로를 관대하게 대하는 사람이라는 것을 알게 된 이상, 이제는 남들을 대하는 2가지 태도 중 하나를 선택해야 한다. 당신은 남들

을 어떻게 대할 것인가? 가슴에 손을 얹고 생각해보라. 자기 자신에게 관대할 거라면, 남들에게도 관대한 것이 올바른 태도가 아니겠는가?

08

비교
면역력

"행복에 대한 정확한 공식은 없지만, 불행에 대한 공식은 하나 있다. 그것은 비교다."
-엠제이 드마코(기업가)-

2019년 여름, 키즈 채널을 운영하는 한 유튜버가 강남에 위치한 고가의 빌딩을 매입했다는 신문기사가 떴다. 이 채널의 주인공은 여섯 살의 미취학 아동이었고, 이 아이로 인해 채널이 벌어들이는 소득이 연간 수백억 원에 달한다는 내용이었다(훗날 이 내용은 과장이 있었고, 수백억 원이라는 금액도 상당히 부풀려진 것으로 밝혀졌다). 이 소식은 각종 매스컴을 통해 일파만파 퍼져나갔다. 국내뿐만 아니라, BBC와 CNN 등 해외 언론도 이 소식을 앞다투어 보도했다. 일부 사람들은 6살밖에 안 된 어린 아이가 단지 '돈을 많이 번다'는 이유만으로, 채널 게시판과 관련 기사에 악플을 달아댔다. 심지어 어떤 사람은 상대적 박탈감을 호소하며 청와대 국민청원 게시판에 이들의 채널을 규제해달라는 글을 올리기도 했다. 주요 포털 사이트에는 이들을 시기하며 일방적으로 비난하는 댓글, 이들의 수익과 자신의 월급을 비교하며 허탈함을 느낀다는 댓글 그리고 남 잘되는 꼴을 못 보는 우리나라 사람들의 국민성을 비판하며 악플러들에게 일침을 가하는 댓글 등 다양한 글들이 쏟아져 나왔다. 이 사건은 온라인과 오프라인을 막론하고 꾸준히 사람들의 입방아에 오르내렸으며, 몇 주 동안 쉴 새 없이 갑론을박이 이어졌다.

이 사건은 인간의 비교심리가 사회에 얼마나 큰 영향을 미칠 수 있는지 보여주는 대표적인 사례다. 우리는 이 사례를 통해 사람은 누구나 비교심리를 가지고 있다는 사실을 재확인할 수 있다. 그리고 그 비교심리의 정도는 개개인별로 다르다는 것도 알 수 있다. 누구는 비교심리가 굉장히 강하게 작용해 질투심과 분노를 형성하는 반면, 누구는 비교심리가 약하게 작용해 자신의 정신건강을 지켜낸다. 정도의 차이만 있을 뿐, 사람들은 자신이 갖지 못한 것을 남이 가졌을 때 대체로 부정적인 반응을 보인다. 중요한 점은 이러한 부정적 반응을 컨트롤하지 못하면 자기 자신만 괴롭다는 사실이다.

이 사태를 보며 나는 문득 이런 생각이 들었다. '우리가 만약 비교심리를 컨트롤할 수 있다면, 질투와 같은 해로운 감정 대신 이미 가지고 있는 것의 소중함, 세상의 아름다움, 감사할 줄 아는 마음 등과 같은 생산적인 감정에 온전히 집중할 수 있지 않을까?'

질투와 시기는 독이다. 아무 탈 없이 멀쩡하게 잘 살고 있다가, 누군가 나보다 좋은 것을 가졌다는 사실을 알게 된 뒤, 단순히 그 사실 때문에 스스로 불행에 빠지는 것만큼 어리석은 짓이 어디 있겠는가? 물론, 우리가 사람인 이상 비교심리를 완전히 없애는 것은 불가능하다. 하지만 그 비교로 인해 어떤 감정을 만들어낼지는 온전히 자신의 역량에 달려있다. 이번 장에서는 이 성가신 비교심리를 극복할 수 있는 '비교면역력'에 대해 이야기해보자.

미국의 저명한 기업가 엠제이 드마코는 내가 존경하는 사람이다. 나는 그의 책《언스크립티드》에서 비교면역력이라는 단어를 처음 접했다. 그는 자본주의사회에서 무력함과 질투심을 느끼는 사람들을 대상으로 이 단어를 사용했지만, 이 책에서는 이것을 인간관계의 측면에서 사용해보려 한다.

비교면역력이란 말 그대로 타인과 나를 비교하는 것에 대해 부정적 영향을 받지 않을 수 있는 힘을 말한다. 비교면역력이 강하다는 말은 비교에 대한 면역력이 강하다는 것을 의미한다. 즉 비교심리를 어느 정도 통제할 수 있을 뿐만 아니라, 남과 나를 비교하여도 정신적인 타격을 크게 받지 않는다는 뜻이다. 반면에 비교면역력이 약한 사람은 타인과 자신을 자주 비교하고, 질투가 심하며 정신적인 타격 또한 쉽게 받는다.

안타깝게도, 대다수의 사람들은 비교면역력이 취약한 편이다. 당신은 어떤가? 아마도 당신은 몸의 면역력은 강해서 각종 질병에 잘 걸리지 않고, 만일 걸렸다고 해도 여태껏 잘 이겨낸 사람일 것이다. 그러나 비교에 대한 면역력은 그다지 강하지 못해서, 기가 죽거나 의기소침해지는 상황을 자주 겪어왔을지도 모른다. 이것은 당연한 일이다. 우리는 학교에서 몸의 면역력을 기르는 방법만 배웠을 뿐, 정신적인 면역력을 기르는 방법은 배우지 못했기 때문이다. 왜 학교는 이렇게 중요한 것을 가르쳐주지 않는 것일까?

그래도 걱정하지 말라. 학교나 사회가 가르쳐주지 않는다면, 스스로 터득하면 된다. 당신이 비교면역력을 키울 수 있도록 내가 도와주겠다. 지금부터 더욱 집중하길 바란다.

당신은 살면서 누군가를 질투해본 적 있는가? 그런 적이 없다고 하면 거짓말일 것이다. 우리는 어릴 때부터 늘 칭찬받는 사람들, 외모가 훌륭한 사람들, 능력이나 재주가 뛰어난 사람들 그리고 부자들을 보고 자라왔다. 그들은 늘 우리 주변에 존재해왔다. 오죽하면 엄마 친구 아들, 엄마 친구 딸을 줄여서 '엄친아', '엄친딸'이라는 말이 나왔겠는가.

우리가 주변에서 보고 듣는 엄마 친구의 자식들은 언제나 잘생기고 예쁘며, 머리도 좋고 각종 능력과 사교성이 뛰어나 주변에 사람이 끊이지 않는 엘리트다. 그들은 많은 사람에게 선망의 대상인 동시에, 평범한 우리들의 기를 죽이고 인생을 다시 생각하게 하는 초월적 존재들이기도 하다(사실 그들은 아무 잘못이 없다. 우리들의 비교면역력이 낮은 것이 문제일 뿐).

예전에는 그들의 소식을 듣는 것이 한정적이었으나, 요즘에는 스마트폰과 SNS 등으로 전 세계 각지에 흩어져 있는 엄마 친구의 자식들을 좀더 쉽게, 자주 보고 듣고 접할 수 있게 되었다. 그로 인해 오늘도 평범한 절대다수의 사람들은 그들의 일상을 보며 부러운 마음에 질투심을 느끼고, 때로는 자신의 처지를 비관하며 그들을 욕하기도 한다.

그렇게 멋지고 뛰어난 사람들을 보면 당신은 보통 무슨 생각이 드는가? '참 멋진 사람들이야! 그들이 더욱 건강하고 행복하게 잘 지냈으면 좋겠어!'와 같은 생각이 드는가? 설마 그럴 리가. '저들은 저렇게 뛰어난데, 나는 도대체 뭘 하고 있지…'라는 생각이 들지 않는가? 아마도, 긍정적인 생각보다는 부정적인 생각이 먼저 떠오르는 사람이 많을 것이다. 초라한 내 모습과는 달리, 잘 나가는 저 친구의 모습을 바라볼 때마다 통제하기 힘든 열등감이 피어오른다. 그리고 이렇게 생각할지도 모른다. '쟤는 운이 좋아서 저렇게 된 거야. 나도 멋진 외모와 뛰어난 머리를 타고났더라면 혹은 좀 더 좋은 환경에서 자라고 운만 따라주었다면 저런 애들보다 훨씬 잘될 수 있었어.'

이렇게 생각하면 잠깐 기분이 나아지는 것 같으나, 현실은 아무것도 바뀌지 않는다. 당신은 계속 초라하지만 그 친구는 계속해서 잘나간다. 당신은 자꾸만 그 친구와 자신을 비교하며 더욱 작아진다. 그래봤자 전혀 이득 될 것이 없다는 사실을 알면서도, 당신은 자신도 모르게 질투심이 일상의 행복을 갉아먹도록 내버려둔다. 매우 안타까운 점은, 당신도 정말 괜찮은 사람이라는 것을 알지 못한 채, 겉으로 보이는 남들의 화려한 인생만을 바라보고 그들과 자기 자신을 너무 쉽게 비교하며 마냥 부러워하고 있다는 것이다.

도대체 왜 이런 현상이 일어나는 것일까? 왜 우리는 나보다 잘난 사람들을 축복해주지 못하고, 스스로 그들과 비교하고 질투하면서 불행한 마음을 만들어내는 것일까?

모든 감정들이 그렇듯이 질투도 그 근원은 우리가 진화해 온 과거 속에 들어 있다. 누군가 내 앞에 놓여 있던 먹을 것을 한 조각 날쌔게 낚아채 가면 먹이를 빼앗긴 자는 그것의 가치를 과소평가하는 것으로 질투를 표현했다. 또한 질투는 우리가 무엇인가를 하도록 동기를 부여한다. 질투심이 없는 사냥꾼이

나 채집가들은 경쟁에서 살아남지 못해 유전자 풀에서 사라졌다. 우리가 먹이가 풍부했던 인류의 후손이며 질투를 했던 인간들의 후손인 것이다. 다만 오늘날의 세계에서는 살아가는 데 질투가 더 이상 중요하지 않다.

-롤프 도벨리《스마트한 선택들》

어찌 보면 질투심은 아주 자연스러운 마음이다. 인간의 뇌는 같은 집단 내에서 외모, 능력, 환경 등이 자기보다 뛰어난 사람을 보면 위협을 느낀다고 한다. 그 사람으로 인해 자신의 위치가 위협받는다고 생각하는 것이다. 그런데 자신과 전혀 다른 집단에 소속돼있거나, 일반사람이 범접할 수 없을 정도로 월등히 뛰어난 사람들에게는 오히려 질투심을 느끼지 않는다고 한다. 타고난 천재나 재벌 2세와 같이 자신과 전혀 다른 세상에 존재한다고 느끼는 사람들에게는 대부분 그저 '대단한 사람이네'하고 넘어간다는 것이다. '사촌이 땅을 사면 배가 아프다'는 속담처럼, 사람들은 보통 자신과 가깝거나 비슷한 처지에 놓인 사람이 자기보다 잘 되는 것을 지켜볼 때 질투심을 더 잘 느낀다. 이 장의 첫 문단에서 소개한 사례도 그러한 인간의 특징을 잘 보여준다.

나도 어린 시절, 주변에서 나보다 잘난 사람을 보면 너무 쉽게 기가 꺾여버리곤 했다.

'저 친구는 머리가 좋아서 조금만 노력해도 나보다 공부를 잘하네?'
'저 녀석은 왜 저렇게 인기가 많을까?'
'저 자식은 잘생긴 데다가 성격도 좋고 재밌기까지 한데 나는 뭘 하고

있지?'

'나 같은 놈은 절대 저런 애들과 어울릴 수 없을 거야.'

나는 태생적으로 인기가 없는 사람이다. 성격도 '아싸(outsider)' 기질이 충만하다. 그래서 비슷한 성향을 지닌 소수의 친구와 주로 어울려 다녔다. 중학교 때 하얀 피부와 귀여운 얼굴로 같은 반 친구들에게 잠깐 주목을 받은 것 빼고는, 딱히 내세울 것 없는 평범한 아이였다. 평범한 것이 싫었던 나는 항상 특별한 사람이 되고 싶었다. 남들과 다르고 싶었다. 어딜 가든 사랑받고 인기 많은 사람이 되기를 바랐다. 그래서 잘나가는 친구의 말투를 따라 해 보기도 하고, 소심한 성격과 맞지 않는 대담한 행동(반장선거)을 저지르기도 하면서 주변 사람들의 마음을 얻기 위해 노력했다.

그러나 나만의 고유한 특성을 무시하고 특별하다고 생각되는 사람들의 성향을 좇고 살아가는 것은, 마치 몸에 맞지 않는 불편한 옷을 입고 억지로 활동하는 느낌이었다. 아무리 애써봐도 현실의 내 모습은 전혀 특별할 것이 없었기에, 마음속엔 항상 나보다 잘난 사람에 대한 동경과 질투, 낮은 자존감 그리고 누구에게도 말하고 싶지 않은 열등감이 자리 잡고 있었다. 어쩌면 그래서 남들과 다르다고 생각하는 '소인배 마인드'를 장착하고 살았는지도 모른다(그때는 몰랐다. 오히려 평범한 것이 가장 어렵다는 것을).

끝없는 비교심리는 나를 더욱 궁지로 몰아넣었다. 나는 왜 저렇게 멋진 사람들처럼 될 수 없을까 하는 실망, 자괴, 환멸이 들었다. 이 상태가 지속된다면 그 누구에게도, 심지어 나 자신에게조차 사랑받지 못할 것만 같았다.

"남들은 여친 잘만 사귀던데 넌 왜 계속 솔로야?"
"우리 엄마 친구 아들은 장학금까지 받고 명문대에 입학했다더라."
"다른 애들은 빠릿빠릿하게 잘만 일하는데 너는 뭐하고 있어? 그것밖에 못하냐?"

당시 비교면역력을 제대로 갖추지 못했던 내 멘탈은 사람들이 무심코 던진 말 한 마디 한 마디에 너무 쉽게 무너졌다. 나의 깊은 우울증은 십중팔구 어릴 때부터 작용한 비교심리와 낮은 비교면역력 때문이었을 것이다.

이쯤 되면, 독자들은 이렇게 이야기할 것이다. "그래서 그 비교면역력이란 건 도대체 어떻게 키울 수 있는데?" 너무 성급하게 생각하지 말라. 이것은 절대 하루아침에 갖춰지는 것이 아니다. 몸의 면역력을 기르기 위해서는 꾸준한 운동, 올바른 식습관, 규칙적인 수면 등 적지 않은 시간 동안 갖가지 노력을 기울여야 한다. 하물며 더 고차원적이고 심리적인 면역력은 어떻겠는가? 그래도 당신이 이 고질적인 비교심리를 개선하려는 의지가 강한 사람이라면, 예상보다 훨씬 더 빠른 시간 내에 비교면역력을 높일 수 있을지도 모른다.

이것을 높이려면 일련의 과정이 필요하다. 나는 아래의 과정으로 비교심리를 극복하고 자존감 또한 상당히 높일 수 있었다. 유의해야 할 점은 사람의 특성은 워낙 천차만별이라서 나의 방법이 당신에게 꼭 맞는 정답이라고 말할 수는 없다는 것이다. 그러나 나와 비슷한 고민으로 방황하고, 주체할 수 없는 마음 상태를 경험해본 사람이라면, 분명 의미 있는 도움이 될 것이라고 믿는다. 내가 비교면역력을 튼튼하게 키울 수 있었던 과정은 다음과 같다.

1. 타인에 대한 인정

당신의 질투심을 불러일으키는 그 사람의 '잘났음'을 인정하라. 흔히 들 "부러우면 지는 것"이라고 말하지만, 결코 그렇지 않다. '부러우면 자연스러운 것'이다. 사실은 정말 부럽고 질투가 나는데, 하나도 그렇지 않다고 말하는 사람이 부자연스러운 것이다. 누가 봐도 부러운 사람을 부러워하는 것은 지극히 당연한 일이 아닌가? 그런데 이때 일어나는 자연스러운 마음을 억누르면 어떻게 되는가? 눈물을 억지로 참으면 병이 나는 것처럼, 이 또한 반드시 탈이 난다. 특히 부러움이나 질투심과 같은 감정은 계속 쌓아두게 될 경우, 때때로 '나는 저들과 달라', '사람들이 몰라줄 뿐 내가 훨씬 더 잘났는데'와 같은 이상한 형태의 자신감-근거 없는 자신감(근자감)-으로 표출되곤 한다.

우리 주변엔 이렇게 잘못된 우월감으로 객기를 부리며 서서히 자신을 망치는 사람들이 존재한다. 아마 당신의 주변에도 꼭 한 명씩은 있을 것이다. 대놓고 자기 자신을 치켜세우는 사람들은 내면 깊은 곳에 굉장한 열등감을 감추고 있다. 당신은 부디 이런 사람이 되지 않도록, 당신보다 잘난 사람들을 있는 그대로 인정하길 바란다. 부러우면 부럽다, 질투 나면 질투가 난다고 인정하라. 하나도 안 부럽다고 스스로를 속이지 마라.

인정할 줄 아는 태도는 누군가의 '잘났음'보다 훨씬 더 어렵고 멋진 일이다.

2. 자신에 대한 인정

나는 앞에서 스스로 소인배임을 인정해야 인생을 발전시킬 수 있다고 설명했다. 마찬가지로 당신이 남모를 열등감을 간직해왔다면, 당신이 비교면역력이 약한 사람이라는 것을 인정하라. 소인배임을 인정하라. 호구처럼 살아왔음을 그냥 속 시원하게 인정하라.

머릿속에 담고 있는 자아상을 버리면, 자유롭게 행동하고 실패하며 성장할 수 있다. '난 인간관계에 서툰 것 같아'라고 있는 그대로 받아들이면, 그 순간 당신의 에너지를 갉아먹던 수많은 관계에서 자유로워질 수 있다.

-마크 맨슨《신경 끄기의 기술》

자신이 호구임을 인정하면 의외로 세상살이가 편해진다는 사실을 아는가? 잘난 사람일수록 주변 사람들의 기대치가 높아져서 그에 대한 부담감 또한 커지기 마련이다. 만약 그들이 기대에 못 미치는 모습을 보여주면, 주변의 실망은 이루 말할 수 없다. 그것은 온전히 본인에게 스트레스가 되어 돌아온다. 누군가 잘났다고 해도 막상 그의 입장이 되어보면 마냥 좋지만은 않은 것이다. 그러나 호구에게는 아무도 기대하지 않는다. 따라서 주변 사람이 실망할 일이 없다. 기대가 없으면 실망도 없는 법이니까. 나는 스스로 호구임을 인정하고 나서부터 인생을 제법 수월하게 사는 법을 터득했다. 나에게 누군가 비교심리를 자극하는 상황이 오면 '그 사람은 잘난 사람이고 나는 호구라서 그래. 그래서 뭐?'라는 생각으로 천연덕스럽게 넘어간다. '내가 어떤 사람인데…'라는 생각을 완전히 내려놓은 것이다.

이러한 태도는 종종 기적을 일으켰다. 평소 같았으면 굉장한 상처가 될 수 있는 말에도, 그다지 큰 스트레스를 받지 않고 유연하게 넘어가는 나 자신을 발견한 것이다. 왜냐고? 나는 호구니까! 호구라서 그런 것도 좀 못할 수 있고, 호구라서 남들보다 뒤처질 수 있고, 호구라서 그것밖에 안 되냐는 말을 얼마든지 들을 수 있다. 어느 누가 비교심리를 자극하여도 호구에게는 비교 자체가 무의미한 것이다. 물론 다른 호구와 비교당하면 기분이 좀 나쁠 수도 있지만, 용기 내서 스스로 호구임을 인정할 줄 아는 사람이 드물기 때문에, 호구에게는 상당히 높은 '비교방어력'이 주어진다는 사실은 변함이 없다.

이러한 태도는 마치 백만 대군이 쳐들어와도 끄떡없는, 난공불락의 요새와도 같았다. 이 어마어마한 태도 덕분에 나는 비교면역력의 기초를 매우 탄탄하게 다질 수 있었다. 그렇게 잘 다져진 기초 위에 체력, 정신력, 지식, 외모 등 다방면으로 꾸준히 나를 업그레이드시켜 나갔다. 그랬더니 조금만 나은 모습을 보여줘도 주변 사람들이 감탄을 금치 못하는 것이 아닌가? 이제는 내가 아무리 스스로 호구라고 이야기해도, 주변에서는 이를 겸손한 사람의 우스갯소리 정도로 여긴다.

두 손이 뭔가를 쥐고 있다면

새로운 것들을 얻지 못할 수밖에

놔버렸을 때 비로소 쥘 수 있다니

역시 인생은 재미나고 묘해

-HAON(김하온) 〈I am down〉 가사 中

자신의 초라한 상태를 인정하고 받아들이기는 분명 쉽지 않은 일이다. 그러나 양손에 자존심을 꽉 쥐고 있으면 아무것도 잡을 수 없다. 한 손에 있는 자존심은 내려놔야 비로소 다른 것-비교면역력 또는 또 다른 멘탈 강화요소-을 잡을 수 있지 않겠는가?

3. 현실 직시

내 기대에 한참 못 미치는 현실을 있는 그대로 받아들이는 것은 언제나 가혹한 일이다. 비교면역력의 첫 관문이라고 할 수 있는 자신과 타인에 대한 인정과정을 거치고 나면, 현재 내가 어떤 위치에 있는지 객관적으로 파악할 수 있다. 현실착각과 자아도취, 오만과 편견으로 뒤덮여 있던 시야를 걷어낸 진짜 내 모습이 보이기 시작하는 것이다. 이 단계에 접어들면 사람마다 조금씩 다르지만, 크게 두 가지 유형의 반응을 보인다.

첫 번째 유형은 '내가 겨우 이 정도밖에 안 되는 사람이었다니…'라는 생각에 허탈함을 느끼고 심하면 인생무상 상태에 빠지는 네거티브 (negative)형 반응이다. 두 번째 유형은 '역시 나는 아직 멀었구나. 좀 더 분발하자'라고 생각하며, 자신의 현 위치를 온전히 받아들이고 발전을 꾀하는 포지티브(positive)형 반응이다. 전자는 체념하고, 후자는 전진한 다. 전자는 잘난 사람을 냉소하며 염세적으로 살아가지만, 후자는 잘난 사람에게서 배울 점을 찾으며 진취적으로 살아간다.

나는 전자에 속한 사람이었지만, 이런 태도가 나에게 별로 도움이 되지 않는다는 사실을 깨닫고 재빨리 생각을 바꿨다. 당신이라면 어떤 반응과 생각을 선택할 것인가? 처음에는 네거티브형 반응을 보일 수 있어도, 끝에 가서는 포지티브형 반응으로 비교면역력을 한 단계 더 높이는 사람이 되길 바란다.

4. 환경변화

모든 것을 인정하고 현실까지 직시했으니, 이제는 구체적인 행동을 취함으로써 지금까지 흔들렸던 멘탈을 안정시키는 단계다. 당신의 환경을 변화시켜라. 이 말은 당신의 비교심리를 자극하고 기를 죽이는 환경을 최소화하고, 당신의 자존감과 기를 팍팍 살려주는 환경을 만들라는 뜻이다. 인간은 환경의 지배를 받는다. 때문에 환경은 매우 중요하다. 의식적으로든 무의식적으로든 자꾸만 당신을 작아지도록 만드는 환경에 놓여있다면, 자신의 정신건강을 위해서라도 하루빨리 그곳에서 벗어나야 한다.

당신의 기를 죽이는 환경은 무엇인가? 나의 경우, 첫 번째는 단연 SNS였다. SNS는 21세기형 대화와 소통의 장이자, 일상의 무료함을 달래주는 훌륭한 도구다. 그러나 SNS를 통해 알게 된 무분별한 TMI(Too Much Information)와 너무 잘난 사람들의 화려한 일상은 비교면역력이 약했던 나에게 그리 달갑지 않은 소식이었다. 이것의 긍정적인 영향보다 부정적인 영향이 더 크다고 판단한 나는, 가지고 있던 모든 계정을 삭제하고 SNS를 완전히 끊어버리는 과감한 결단을 내렸다. 당신이 SNS를 즐겨 사용하는 사람이라면 나의 말이 언짢게 들릴지도 모르겠다. 그러나 오해하지 말라. 자신에게 SNS가 매우 큰 즐거움을 주고, 단점보다 장점이 많다고 생각하는 사람이라면 굳이 끊을 필요는 없다. 나의 경우에는 이것이 비교심리를 극복하는 데 도움이 되지 않는다고 판단했기에 굳은 다짐과 과감한 결단으로 환경을 바꾼 것이다. 그리고 이 방법은 기대 이상으로 효과가 좋았다.

나의 기를 죽이는 두 번째 환경은 '나를 존중하지 않는 사람들'이었다. 나를 존중하지 않는 사람들에게는 공통점이 있었다. 그들은 장점을 칭찬하기보다는 기어코 문제점만을 찾아내 지적하기 바빴다. 이런 사람들은 안 그래도 낮은 내 자존감을 완전히 바닥나게 만들었다. 그때는 몰랐다. 가장 가까이 있는 사람들-좋은 사람이든, 나쁜 사람이든-이 나에게 지대한 영향을 미친다는 사실을. 당시 사망선고를 받은 내 자존감을 소생시키기 위해서는 기필코 이러한 환경을 바꿔야만 했다.

내가 스무 살일 때를 기준으로 약 20명 내외의 친구들-한두 명을 제외하고 대부분 나와 비슷한 마이너한 특성을 가진 친구들이었다-이 있었다. 이들과는 주기적으로 연락하며 어색함 없이 언제든지 편하게 만날 수 있는 관계였다. 하지만 이들 중에는 나의 단점만을 찾아서 깎아내리고 그것을 웃음거리로 만드는 친구, 자기가 필요할 때만 찾는 친구, 나의 아픈 과거를 건드리는 친구 그리고 매사에 무기력하고 부정적인 친구가 몇몇 있었다. 그 몇몇 친구들의 영향으로 나 자신이 보잘것없는 사람인 것처럼 느껴질 때가 한두 번이 아니었다. 그들을 만나면 만날수록 심리적으로 위축되는 것을 느꼈고, 이대로 가다가는 뚜껑 달린 유리병 속의 벼룩이 될 것만 같았다.

꽤 오랜 시간이 지난 뒤, 무언가 잘못되었다고 느낀 나는 마침내 이러한 관계가 '관계'라는 결론을 내렸다. 결론을 내렸으니 이제는 실천할 용기가 필요했다. 이미 자존감이 바닥인 상태라 어차피 더 나빠질 것도 없었기에, 굳은 다짐으로 관계를 하나둘씩 청산하기 시작했다. 시간이 흘러 자연스레 멀어진 친구들까지 제외하니, 나의 곁에는 단 3명의 친구만이 남아있었다. 그렇다. 단 3명이다. 이 친구들은 꽤 오랜 시간 동안 알고 지냈던 막역한 사이이며, 무엇보다도 나를 진심으로 아껴주고 존중해주는 소중한 벗들이다. 하지만 이들과의 관계도 관계의 수명이 다하는 날이 오면 언젠가 멀어질 수 있음을 안다. 인정하기 싫지만, 어제의 벗이 오늘의 적이 되거나 오늘의 적이 내일의 벗이 되기도 한다는 인간역사의 교훈을 무시할 수 없기 때문이다. 내가 할 수 있는 건 현재의 소중한 관계를 오랫동안 이어갈 수 있도록 한 명 한 명에게 진심을 다하는 것뿐이리라.

존중하는 관계는 서로의 자존감을 높여준다. 그리고 우리가 앞으로 새로운 관계를 맺고 인생을 살아가는 데 정말 큰 힘이 된다. 당신을 소중히 여기고 진심으로 존중해주는 사람들이 당신 주변을 에워싸게 만들어라. 내가 장담한다. 그런 환경을 만들기만 한다면 당신의 자존감은 저절로 높아질 것이다. 자존감이 높아지면 자연스레 타인과 나를 비교하는 횟수가 줄어들어 비교면역력이 큰 폭으로 상승한다. 이것이 바로 나쁜 환경을 버리고 좋은 환경을 갖춰야 하는 가장 큰 이유다.

5. 생산적 감사

나는 인간이 가질 수 있는 여러 심리적인 기술 중, 감사함이 가장 강력한 무기라고 생각한다. 어떠한 상황에서도 감사할 일을 찾아낼 수 있는 사람이라면, 그는 이미 강한 정신력이 몸에 배어 있는 사람이다. 감사는 겸손의 아버지이다. 감사는 우리의 자존감과 비교면역력을 최대치로 끌어 올려주는 동시에, 그것을 유지시켜 주는 최고의 명약이다.

그런데 감사한 마음도 부작용이 생길 수 있음을 아는가? 일부 종교인들은 신에 대한 맹목적 감사함에 치중한 나머지, 현실에 안주하여 더 이상 발전하지 못하기도 한다. 나의 지인 중에 이런 분들이 여럿 있었다. 이분들은 항상 감사한 마음을 지니고 사셨지만, 10년이 지나도 제자리걸음을 하고 있었다. 이들의 모습을 지켜보았던 나는 무언가 잘못되었다고 느꼈다. 심지어는 상황이 계속 나아지지 않자, 이미 가지고 있던 감사함도 내팽개치고 자기가 믿었던 신을 욕하는 사람도 있었다. 이를 통해 맹목적 감사는 오히려 독이 될 수도 있음을 깨달았다.

감사한 마음이 독이 되지 않게 하려면 어떻게 해야 할까? 그 답은 '생산적 감사'에 있다. 나는 현재 본인이 가지고 있는 것에 소중함과 고마움을 느끼되, 그 마음을 유지한 상태로 자신의 인생을 발전시키기 위해 끊임없이 노력하는 자세를 '생산적 감사'라고 부른다. 흥미로운 점은 딱히 이러한 마음을 갖추기 위한 노력을 기울이지 않았음에도, 앞의 네 가지 단계를 거치는 과정에서 나도 모르게 감사함을 느끼고 있었다는 사실이다.

특히, 환경을 변화시키고 난 후에는 정말 자연스럽게 일상에 감사하는 마음이 생겼다. 언제나 나를 응원하는 가족들, 진심으로 나를 존중해주는 친구들, 내가 우울증에 빠졌을 때 스스로 일어날 수 있도록 도움을 주신 은사님 그리고 이런 사람들이 내 곁에 있다는 사실과 이들을 만날 수 있게 해준 세상에 대한 감사함 등. 나는 이 자체만으로도 행복한 사람이기에 다른 사람과 비교할 필요도, 그래야 할 이유도 없었다. 내가 비교해야 할 대상은 오직 하나, 어제의 나였다. 나의 소중한 사람들을 지키고 스스로를 발전시키기 위해서는 반드시 어제의 나보다 나아져야만 했다. 그래서 수많은 시행착오를 겪으며 나름의 방법을 찾았고, 이러한 과정을 통해 예전보다 훨씬 더 나은 내가 될 수 있었다.

하지만 언제 어디서든 어제의 내가 가지고 있던 비교심리가 스멀스멀 올라와, 현재의 감사함을 다시 빼앗아갈 수 있음을 안다. 위기는 가장 평화로울 때 찾아오는 법이니까. 그렇게 되지 않도록 오늘도 의식적으로 '생산적 감사'를 생각하고, 이를 유지하기 위해 꾸준히 노력하고 있다.

비교에 대한 면역력을 지닌 사람은 누구도 승리할 수 없는 비교의 게임에 관심을 두지 않으며 현재의 속도에 대해 평안한 마음을 갖는다. 비교 면역력을 가진 사람은 사촌이 땅을 사도 웃을 수 있고, 중요하지 않은 것은 제쳐두고 중요한 것을 추구한다. ⋯ 내가 만일 비교 게임에 빠지면 부화뇌동하면서 줏대 없이 '남들이 어떻게 생각'하는지에 내 인생을 맡기게 될 것이다. 비교라는 질 병이 만드는 길이 아닌, 나의 영혼이 인도하는 길을 가야 한다.

-엠제이 드마코《언스크립티드》

타인에 대한 인정, 자신에 대한 인정, 현실 직시, 환경변화 그리고 생 산적 감사. 지금까지 비교면역력을 높이기 위해 거쳐야 할 다섯 가지 과 정을 알아보았다. 나는 이 과정을 모두 거치기까지 꼬박 5년이 걸렸다. 5달이 아니라 5년이다. 가장 힘들었던 과정은 비교면역력의 열쇠이자, 첫 단계라고 할 수 있는 '인정'이었다. 나의 꼬락서니를 인정하기까지 근 4년이 걸린 것이다. 잘난 타인과 못난 자신을 온전히 받아들이고 그 사실을 인정한 뒤부터, 1년 만에 굉장히 수월히 나머지 세 과정을 거칠 수 있었다.

사실, 이 과정이 절대 말처럼 쉽지 않다는 것을 안다. 그래서 당신이 나와 같은 시행착오를 겪지 않고, 비교면역력을 높이는 기간을 단축하 길 바라는 간절한 마음에 추가로 몇 마디 더 보태려 한다. 다음의 두 문 장을 꼭 기억하길 바란다.

첫째, '뛰는 놈 위에 나는 놈 있고, 걷는 놈 밑에 기는 놈 있다.'

내가 아무리 잘난 사람(뛰는 놈)이라도 항상 나보다 뛰어난 사람(나는 놈)은 존재하고, 내가 아무리 별 볼 일 없는 사람(걷는 놈)이라도 언제나 나보다 훨씬 더 못난 사람(기는 놈)이 존재한다는 뜻이다. 그러므로 누군가 나보다 잘났다고 해서 과도한 열등감-적당한 열등감은 발전의 원동력이 될 수 있지만, 지나치면 항상 문제가 된다는 것을 기억하자-을 가질 필요도, 나보다 못난 사람을 보며 쓸데없는 우월감을 느낄 필요도 없다. 우리가 흔히 저지르는 잘못 중 하나는 '나보다 못한 사람을 보며 현재의 위치에 감사하기'이다.

A: 왜 그렇게 풀이 죽어 있어?

B: 돈 많은 사람은 좋겠다. 여기저기 해외여행도 다니고, 골프도 치고, 비싸고 맛있는 음식도 매일 먹을 수 있고, 하고 싶은 것 맘껏 하고 살잖아.

A: 그렇게 생각하면 안 되지. 너도 자주는 아니지만, 국내여행이라도 가끔 가고 맛있는 음식도 한 번씩 먹잖아. 가난한 노숙자들을 봐. 그런 건 꿈도 못 꿀 텐데, 너 정도면 감사해야지.

B: 그래, 내가 무슨 부귀영화를 누리겠다고…. 그런 사람들도 있는데, 이 정도면 감사해야지.

이런 유형의 대화를 어디서 많이 들어봤을 것이다. 이 대화의 문제점이 보이는가? 나는 자신보다 딱한 처지에 있는 사람과 비교하며 위안을 얻고 '그래도 이 정도면 감사해'라고 느끼는 현상을 '우월비교의 오류'라고 부른다. 위로를 받기 위해, 자신이 좀 더 낫다고 느끼기 위해 자신보다 딱한 처지에 있는 사람을 끌어들이는 것이다. 지금도 얼마나 많은 사람이 우월비교의 오류에 빠진 채 살아가고 있는지 아는가?

이것은 매우 잘못된 생각이다. 현재 내가 가지고 있는 것에 감사한 마음을 가지는 것은 좋다. 한데, 왜 항상 남보다 더 가지고 있다는 사실에만 감사함을 느껴야만 하는 것인가? 나보다 못난 타인과 꼭 비교를 해야만 하는가? 그런 식으로 비교하면 당장 마음은 편할지도 모른다. 그러나 걷는 놈 밑에는 항상 기는 놈이 존재하므로-항상 나보다 못난 사람이 있으므로-이런 생각은 우리의 발전을 저해하고 현실에 안주하도록 만든다. 이것이 바로 우월비교의 오류로 인한 감사의 부작용이다.

당신이 객관적으로 더 나은 사람이 되고 싶다면, 우월비교의 오류와 맹목적 감사는 지양하고 생산적 감사를 지향해야 한다.《12가지 인생의 법칙》의 저자이자, 전 세계 청년들의 인터넷 아버지로 불리는 조던 피터슨 교수는 "당신을 다른 사람과 비교하지 말고, 오직 어제의 당신하고만 비교하라"고 말했다. 반드시 명심하라. 우리가 비교해야 할 대상은 나보다 잘난 사람도, 나보다 못난 사람도 아닌 오직 어제의 '나 자신'이다.

둘째, '그래봤자 사람이다.'

사람이 살면서 절대 피할 수 없는 4가지가 있다. 당신도, 나도, 모두가 부러워할 만한 위치에 있는 사람도 절대 피할 수 없는 것. 그것은 바로 죽음, 세금, 감기, 외로움이다. 세금은 피할 수 있지 않느냐고 생각하는 독자들도 있을 것이다. 그러나 정상적인 경제활동과 인프라를 갖춘 국가에 속한 사람이라면, 세금을 피하는 것은 불가능하다. 생필품, 식료품, 가전제품 등 우리의 일상생활에 필요한 모든 물품에 세금이 부과되기 때문이다. 당신이 오늘 끓여 먹은 라면 한 개에도, 지금 읽고 있는 이 책에도 세금이 포함되어 있다. 어쨌든, 이 말의 핵심은 우리는 전지전능한 신이 아닌 사람이라는 것이다.

사람이기에 부자도, 빈자도, 잘난 사람도, 못난 사람도, '인싸'도, '아싸'도 모두 자기만의 고충이 있다. 당신이 질투를 느끼는 그 사람도, 자기가 가지지 못한 것을 소유한 다른 누군가를 질투한다. 언제나 화려하고 행복한 모습만 보여주는 TV 속 슈퍼스타도, 겉으로 드러내지 않을 뿐 상당한 외로움을 느낀다. 당신이 부러워하는 인기 많은 친구도 자신의 인기가 언제까지 갈 수 있을지 불안해하고 있다. 그런데 왜 당신만 불안하고, 두려움을 느끼고, 질투한다고 생각하는가? 정도의 차이만 있을 뿐, 세상 사람 모두가 그렇게 하고 있는데 말이다.

이것은 사람이기 때문에 지극히 당연한 현상이다. 그럼에도 불구하고 사람들은 종종 이 사실을 잊고 사는 것 같다. 내 마음속에 투영된 그 사람은 하루하루가 행복하고, 평생을 걱정 없이 잘만 산다고 생각한다. 그렇다면 그 사람이 죽을 때까지 행복하게 잘 살아야 하는데, 왜 누군가는 끊임없이 사건 사고를 일으키고 심지어는 스스로 목숨을 끊는 것일까? 모두가 부러워하는 외모, 재력, 명예 등 온갖 부귀영화를 다 누리는 사람도 자살을 선택하는 현상을 도대체 어떻게 설명할 수 있단 말인가?

내가 내린 결론은 이것이다. 우리는 모두 나약한 인간이라는 것. 그리고 이 세상에 힘들지 않은 사람은 없다는 것. 그리고 모두 각자만의 방식으로 그 힘듦과 싸워 이겨내고 있다는 것. 만일 잘난 누군가가 당신의 비교심리를 또 자극한다면 반드시 이 말을 되뇌도록 하라. "그래봤자 사람이다."

09

미움받을 용기보다 중요한 것은
사랑받을 환경이다

"인간은 환경에 의존하지 인간에 의존하는 것이 아니다."
-헤로도토스(역사가)-

어느 마을에 새끼 코끼리 한 마리가 살고 있었다. 코끼리 주인은 자신의 코끼리가 다른 곳으로 도망가지 못하도록 녀석의 몸을 쇠사슬로 묶고 큰 나무기둥에 고정해놓았다. 그 상태가 불편했던 코끼리는 이리저리 몸을 움직이며 사슬을 끊어보려 했지만, 나무기둥에 단단히 고정된 사슬은 끄떡도 하지 않았다. 아직 몸집이 작은 새끼 코끼리에게는 사슬을 끊을 힘이 없었다. 이후 주인이 사슬에 묶어놓을 때마다 코끼리는 안간힘을 썼지만 여전히 역부족이었다. 이내 코끼리는 사슬에 묶인 상태론 어찌할 수 없다는 걸 깨닫고 체념했다.

시간이 흐른 뒤 코끼리는 성체가 되었다. 몸집이 집채만 해진 코끼리는 사람들을 몇 명이나 등에 태우기도 하고, 무거운 물건도 길고 튼튼한 코로 거뜬히 날랐다. 커다란 나무기둥도 녀석의 몸통박치기 몇 번에 송두리째 뽑혀나갔다. 그런데 한 가지 이상한 점이 있었다. 그렇게 힘 좋은 코끼리를 예전의 나무기둥과 쇠사슬에 묶어두기만 하면, 아무런 힘도 못 쓰고 그대로 주저앉아 버리는 것이었다. 왜 이런 현상이 나타난 것일까?

성체 코끼리는 육지 최강의 동물이다. 동물의 왕 사자도 코끼리가 나타나면 꽁무니를 빼기 바쁘다. 인간을 제외하면 거대한 코끼리를 막을 수 있는 동물은 아무도 없다. 녀석은 마음만 먹으면 언제든지 쇠사슬을 끊고 속박된 상태를 벗어날 수 있었을 것이다. 그러나 특정 환경에서 긴 시간 동안 학습된 경험이 코끼리의 뇌를 지배하고 있었다. 어느 순간부터 녀석은 스스로 사슬을 끊을 수 없다고 믿게 된 것이다. 결국 성체 코끼리는 사슬에 묶인 상태로 꼼짝 못 하고, 주인이 돌아올 때까지 얌전히 앉아 기다릴 수밖에 없었다. 이러한 현상을 가리켜 '코끼리 사슬 증후군'이라 한다. 코끼리 사슬 증후군은 어릴 때부터 억압된 환경에서 자란 인간에게서도 발견할 수 있다. 이는 환경이 생물에게 미치는 영향이 얼마나 막대한가에 대해 다시 생각해보게끔 한다.

인생을 살면서 지금까지 "환경 탓하지 마라"는 말을 들어본 적 있는가? 누군가 특정 환경이 너무 버겁다고 느낀 나머지 싫은 소리를 한마디 내뱉으면, 주변에서는 환경의 문제가 아닌 환경에 적응하지 못하는 사람이 문제라고 나무란다. 우리 사회는 환경에 잘 적응하는 사람을 좋아한다. 또 이를 당연하고 자연스러운 것으로 여긴다. 그러나 환경에 적응하지 못하는 사람을 향해서는 '부적응자', '도망자', '문제아' 등으로 표현하며 매우 부정적인 시각으로 바라본다. 각종 언론과 매스컴은 극한환경에서 살아남거나 적응한 사람들을 집중 조명하며 입이 닳도록 칭찬한다. 세상은 언제나 환경을 극복 또는 적응해야 하는 대상으로 간주하며, 어떤 환경에도 굴복하지 않고 끝끝내 이겨낸 사람들을 영웅으로 치켜세운다. 가정·학교·사회는 우리가 어릴 때부터 각자 마주한 환경을 잘 견뎌내야 한다고, 잘 극복해야 한다고, 그것이 당연하다고 교육해왔다. 모두가 그렇게 생각하니, 당신도 지금까지 아무런 의심 없이 그렇게 해야 한다고 믿어왔을 것이다. 하지만 내 생각은 좀 다르다. 현재 당신이 처한 환경이 무언가 명백히 잘못되었음을 느낀다면, 반드시 '환경 탓'을 해야 한다.

일단, 이번 장에서 쓰인 '탓'의 의미를 분명히 해두고자 한다. 네이버 국어사전에 등록된 '탓'의 사전적 의미는 두 가지다.

① 주로 부정적인 현상이 생겨난 까닭이나 원인
② 구실이나 핑계로 삼아 원망하거나 나무라는 일

나는 1번의 의미로 탓을 사용하였다. 즉, 아무것도 하지 않으면서 불평불만을 일삼는 어리석은 행위로서의 '탓'이 아니란 소리다. 여기서 내가 말하는 '환경 탓'은 부정적인 환경을 개선하기 위해 혹은 벗어나기 위해, 현재 처한 환경이 부정적 영향을 준다는 사실을 알아차리고 변화를 시도하는 전초전을 뜻한다. 이러한 전초전에 대한 좋은 예로, 맹모삼천지교(孟母三遷之敎)를 들 수 있다.

이 유명한 고사를 모르는 사람은 거의 없을 것이다. 맹모삼천지교, 글자 그대로 맹자의 어머니가 자식의 교육을 위해 세 번 이사했다는 뜻이다. 원래 맹자의 집은 공동묘지 근처에 있었다고 한다. 그래서 맹자는 사람들이 곡소리를 내며 장사(葬事)지내는 것을 보고 그것을 흉내 내며 놀기 시작했다. 자식의 행동이 주변 환경 탓이라고 판단한 맹자의 어머니는 얼른 다른 곳으로 이사했다. 그런데 이사 간 새집은 사람이 북적북적한 시장 근처에 있었다. 그러자 이번에는 맹자가 시장 사람들을 따라 물건을 사고파는 장사놀이에 푹 빠졌다. 이에 맹자의 어머니는 또 한 번 이사를 감행했다. 이번에는 서당이 있는 곳이었다. 그제야 맹자는 어머니의 의도대로 공부에만 집중하게 되었다. 현명한 맹자의 어머니는 환경의 중요성을 알고 잘 활용했던 것이다.

이 외에도, 주어진 환경을 따르기보다 환경 자체를 바꾸거나 개선하여 훨씬 더 나은 결과를 만든 경우는 얼마든지 있다. 미국의 발명가 엘리샤 오티스는 현대식 승강기의 기초를 다지고 실용화를 가능케 한 인물이다. 그에게 계단은 매우 비효율적이고 답답한 이동수단이었다. 계단을 오르내리는 것은 힘든 일이다. 특히 건물이 높을수록 계단을 오르는 고통은 가중된다. 오티스는 이러한 상황을 개선하기 위해 고층 건물을 오를 수 있는 완전히 새로운 환경을 창조해냈다. 오티스의 발명품을 지칭하기 위해 최초로 쓰인 용어가 바로 '엘리베이터'이며, 오늘날까지 그는 엘리베이터의 아버지로 불린다.

계단을 오르는 것도 힘들지만, 더위를 견디는 일 또한 만만치 않다. 한여름 무더위는 일의 능률을 저하시키고 심하면 사람의 목숨까지도 앗아간다. 이를 감당하려면 부채나 선풍기로는 어림도 없다. 더위를 피할 새로운 도구가 절실했던 그때, 세계사에 영원히 기억될 한 인물이 나타난다. 그의 이름은 윌리스 캐리어. 비행기·전구와 어깨를 나란히 하며, 인류 최고의 발명품 중 하나로 손꼽히는 에어컨을 고안한 사람이다. 엘리베이터와 에어컨, 이 어마어마한 발명품을 탄생시킨 두 사람과 맹자의 어머니에겐 한 가지 공통점이 있었다. 그들은 주어진 환경을 '극복'해야 하는 대상이 아닌, 새롭게 '변화'시켜야 하는 대상으로 바라보았다.

내가 무엇을 말하고자 하는지 알겠는가? 환경은 '버티는 것'이 아니라, '바꾸는 것'이 되어야 한다. 그것도 더 많은 사람을 이롭게 하는 방향으로 바꾸어야만 한다. 특히 인간관계에서, 당신이 매우 감당하기 힘든 환경에 놓여있다면 그 환경을 바꿀 궁리를 해야 한다. 자신의 역량으로 감당하기 힘든, 매우 벅찬 환경을 극복하려고 무작정 인내하는 것은 스스로의 수명을 깎아 먹는 짓이다. 수명이 줄어드는지도 모르고 그저 환경 탓하지 말라는 말은, 인간의 특성을 이해하지 못한 매우 무지한 발언이다. 지구의 모든 생물, 아니 우주의 모든 생물은 환경의 지배를 받는다. 그러므로 당신과 나는 언제나 두 가지 선택지 중 하나를 골라야 한다. 환경이 당신을 지배하도록 놔둘 것인가, 아니면 내게 맞는 새로운 환경을 창조할 것인가. 우리는 항상 어떤 환경에서 살아갈 것인지를 염두에 두어야 한다.

여기서 잠깐 짚고 넘어가야 할 부분이 있다. 이미 일어난 과거의 환경은 어떻게 생각해야 할까? '난 불우한 환경에서 자랐으니, 지금도 불우할 수밖에 없어요'라고 생각해야 할까? 천만의 말씀이다. 나는 과거의 환경을 말하는 것이 아니다. 지금, 여기, 현재의 환경을 말하고 있다. 현재의 환경을 탓하라고 말하고 있다. 물론, 지금 처한 환경이 문제가 있다는 전제하에 말이다. 이미 지나간 과거는 어쩔 수 없지만, 지금의 환경은 당신이 바꿀 수 있다. 지금이 바뀌면 미래도 바뀐다. 코끼리 사슬 증후군처럼 과거의 잘못된 환경이 현재의 당신에게 어느 정도 영향을 미쳤다는 사실은 부인할 수 없다. 하지만 그렇다고 해서 그 코끼리처럼 살 수는 없지 않은가? 한참 어리기만 했던 당신은 시간이 흘러 전보다 성숙한 사람이 되었다. 어른스러워진 당신은 이제 쇠사슬을 끊을 충분한 힘을 가지고 있다.

충분한 힘이 있음에도 대다수 사람들이 사슬을 끊지 못하는 이유는 과거에 얽매인 기억 때문이다. 이들은 오직 과거에 있었던 일을 근거 삼아 미래를 단정 지으려 한다. 하지만 명심하라. 우리는 과거와 상관없이 현재를 올바르게 살아감으로써 미래를 바꿀 수 있다. 과거의 사슬에서 빠져나와 앞으로 어떤 미래를 살아갈지 결정하는 것은 오로지 당신의 몫이다. 그럼에도 지금의 불행을 과거의 환경 탓으로만 돌리고 싶다면, 이렇게 생각해야 한다.

'그 환경 때문에 이렇게 된 게 아니야. 그 환경을 바꾸거나 벗어나려고 노력하지 않은 나 때문이야. 그땐 너무 어려서 환경을 바꿀 힘이 없었다고 치자. 하지만 지금의 나에겐 환경을 바꿀 힘이 있잖아? 과거의 불행했던 환경을 되풀이하지 않도록, 이제는 더 나은 환경을 만들기 위해 최선을 다할 거야.'

외국 속담에는 이러한 말이 있다.

Circumstances are the rulers of the weak, instruments of the wise.
환경은 약한 자들의 통치자이며, 지혜로운 자들의 도구이다.

맹자의 어머니 그리고 오티스와 캐리어는 모두 주어진 환경에서 더 나은 방법을 찾기보다 완전히 새로운 환경을 만들어냈다. 그들은 낡은 도구(기존의 환경)를 과감히 버리고 지혜로운 도구(새로운 환경)를 사용하는 것을 선택했다. 만약 맹자의 어머니가 '환경 탓'을 하지 않고 묘지 근처의 집에서 맹자를 계속 키웠다면 성인(聖人) 맹자가 세상에 나올 수 있었을까? 오티스가 계단을 더 많이 오르기 위해 열심히 하체운동만 했다면, 엘리베이터가 나올 수 있었을까? 캐리어가 선풍기 바람을 쐬며 "이 정도면 더위도 견딜만하지"라고 만족했다면, 에어컨이란 물건은 세상에 등장하지 못했을지도 모른다(내 친구는 에어컨을 발명한 사람에게 큰 절을 올리고 노벨상을 주어야 한다고 말했다).

그들이 (당시에 처한) 환경 탓을 하지 않았더라면, 전 인류를 이롭게 해주는 세계적인 발명품은 탄생하지 못했을 것이다. 이들의 예시를 통해 내가 전달하려는 바를 제대로 이해하고 기억해두길 바란다. 특정 환경이 조금 힘들다고 해서, 무조건 그 환경을 피하라는 말이 아니다. 당신이 현재 처한 환경이 문제라면, 그 환경을 바꾸거나 개선하거나 벗어나려는 시도를 통해 예전보다 훨씬 더 나은 환경을 만들 수 있음을 말해주고 싶다.

스스로에게 물어보라. 현재 어떤 환경에 처해있는지. 그리고 그 환경을 감당할 수 있는지. 감당할 수 없는데도 억지로 버티고 있지는 않은지. 혹시라도 버티고 있다는 생각이 든다면, 그때부터 당신은 더욱 버티기 힘들어질 것이다. 그리고 그 순간이 바로 당신이 처한 환경을 바꾸어야 할 최적의 시기다.

그저 정해진 대로 따르라고

그게 현명하게 사는 거라고

쥐 죽은 듯이 살라는 말

같잖은 말 누굴 위한 삶인가

-하현우 〈돌덩이〉 가사 中

서론이 너무 길었다. 지금까지 내가 환경에 대해 언급한 내용들은 전초전에 불과하다. 이제부터 진짜 시작이다. 당신이 여태까지 환경의 파급력을 모르고 살아왔다면, 뼈저리게 느끼게 해주겠다. 왜 우리에게 사랑받는 환경이 꼭 필요한지, 환경의 영향력을 다시 한번 언급하고 명확히 말해주겠다.

심리학 용어 중에 '양떼 효과'라는 말이 있다. 주식투자에서 처음 사용된 말로, 집단에서 뒤처지지 않기 위해 어쩔 수 없이 집단의 행동을 따르는 현상을 일컫는다. 여기서 중요한 점은 집단이 항상 옳지만은 않다는 것이다. 멍청한 집단 속에 있으면 아무리 현명한 사람이라도 '멍청함'의 영향을 받게 된다. 자신도 모르게 바보가 되는 것이다. 이와 비슷한 맥락으로 '삼인성호(三人成虎)'라는 한자성어가 있다. 세 사람이 모이면 없던 호랑이도 만들어낼 수 있다는 뜻으로 한 사람을 바보로 만드는 것쯤은 일도 아니라는 말이다. 두 용어 모두 환경의 영향력을 잘 설명해준다. 검은 먹을 가까이하면 검어진다는 뜻의 '근묵자흑(近墨者黑)', 붉은색을 가까이하면 붉어진다는 뜻의 '근주자적(近朱者赤)' 또한 환경의 영향력을 잘 말해준다.

　잘 생각해보라. 좋은 환경에 있으면 좋은 영향을 받을 수밖에 없고, 나쁜 환경에 있으면 나쁜 영향을 받을 수밖에 없는 게 자연의 섭리이자 세상의 이치다. 왜 이치와 섭리를 부정하려고 하는가? 사람들은 흔히 "될 놈은 뭘 해도 되고, 안 될 놈은 뭘 해도 안 된다"라며, 환경을 배제한 개인의 능력만을 강조하곤 한다. 그러나 단언컨대 이것은 틀린 말이다. 나는 절대 그렇게 생각하지 않는다. 될 놈도 안 될 놈들이 득실거리는 곳에 있으면 안 되고, 안 될 놈도 될 놈들 사이에 있으면 될 놈으로 성장한다. 나쁜 환경에서도 부정적인 영향을 받지 않고 우뚝 선 사람들이 스포트라이트를 받는 까닭은, 그것이 그만큼 드문 일인 동시에 아무나 쉽게 할 수 없는 일이기 때문이다. 극한환경을 이겨내는 사람들은 일반인의 의지력을 뛰어넘은 초인들이다. 우리도 그와 같은 사람이 될 수 있을 것이라 착각하면 안 된다. 자신을 믿는 것은 좋지만, 과신은 독이다. 그런 예외적인 사례를 보고 스스로를 남다른 존재로 착각하지 말고 부디 자기 자신을 알라. 우리 같은 보통사람들은 좋든 싫든 환경의 영향을 받을 수밖에 없다. 이 사실을 반드시 인정하고 넘어가야 한다.

　양떼 효과는 또한 '편승 효과'라고 불리기도 한다. 핵심은 집단의 힘 앞에서 개인이 이성적인 판단을 포기하고, 대중의 추세만을 좇는 것이다. 이로써 자신의 판단을 부정하고, 일의 의미를 주관적으로 고려할 수 없게 된다.

-장원청《심리학을 만나 행복해졌다》

사람의 성격은 주로 자신이 속한 사회 환경의 영향을 받는다.

-탄윈페이《당신이 절대 버리지 말아야 할 것》

방해꾼들로 가득 찬 인생에서 홀로 도인 같은 태도를 유지하기는 어렵다. 거기에는 엄청난 에너지가 들어간다. … 그러나 장기적으로 우리는 살고 있는 환경의 생산물일 뿐이다. 직설적으로 말해서, 부정적인 환경에서 긍정적인 습관을 지속적으로 유지하는 사람을 나는 본 적이 없다.

-제임스 클리어《아주 작은 습관의 힘》

인간은 환경의 지배를 받는다. 환경은 너무나도 중요하다. 2020년 초, 지구를 덮친 코로나 바이러스라는 환경은 전 인류의 생활패턴을 바꾸어놓았다. 다시 한번 더 강조한다. 인간은 환경의 지배를 받는다. 당신과 나는 각자가 처한 환경에 지배받고 있다. 그런데 여태껏 나에게 환경의 중요성을 직접 조언해주는 사람은 단 한 명도 없었다. 모두가 그저 주어진 환경을 잘 버텨내고 이겨내라고만 말했다. 심지어 명백하게 잘못된 환경도 참는 게 미덕이니 그저 꾸역꾸역 억지로 참으라고 말한다. 이게 정상이라고 생각하는가? 나는 이러한 세태가 우리나라의 자살률을 높이는 데 한몫했을 것이라 생각한다.

평소 사랑받던 사람이 사랑받지 못하는 환경에 처하면 우울해진다. 누군가는 그러한 환경을 견디지 못하고 극단적 선택을 한다. 세상은 그들을 이상하게 생각하며 단순히 개인의 문제로 치부한다. 하지만 나는 그들에게 모든 문제가 있다고 생각하지 않는다. 분명히 알려지지 않은 큰 문제가 있었을 것이다.

이 세상에 힘들지 않은 직업은 없지만, 나는 간호사야말로 극한직업이라고 생각한다. 의사를 도와 생명의 최전선에서 사투를 벌이는 그들의 희생과 헌신은 숭고하다는 말로밖에 표현할 길이 없다. 그들이 환자를 더 잘 돌볼 수 있도록 더 좋은 환경을 마련해줘도 모자랄 판국이지만, 우리나라 간호사들의 처우는 상당히 열악한 편이다. 그런 힘든 환경에 더하여, 일부 간호사들 사이에서는 '태움'이라는 병폐가 존재한다고 한다. 네이버 지식백과에 따르면, 태움은 영혼이 재가 될 때까지 태운다는 뜻으로 선배 간호사가 신임 간호사를 가르칠 때 괴롭힘 등으로 길들이는 행위를 지칭하는 용어다. 언제부터 이런 악질적인 환경이 조성되었는지는 모르겠지만, 지금도 누군가는 태움과 같은 악습 때문에 굉장히 큰 고통을 받고 있다.

태움으로 인한 고통을 견디다 못해, 스스로 목숨을 끊은 한 간호사의 사연을 담은 신문기사를 우연히 접했다. 충격적이었다. 누구보다도 존중받아야 할 사람들이, 잘못된 환경 속에서 극단적인 선택을 했다는 사실이 너무나도 안타까웠다. 그런 나쁜 환경을 억지로 버티는 일 없이, 올바른 환경에서 근무할 수 있었다면, 그들에게 절대 그러한 일이 벌어지지 않았을 것이라 생각했다. 왜 그러한 폐단이 21세기에도 존재하고 있는 것인지 도무지 이해할 수 없었다. 가슴 한편이 무거워졌다.

더 이상 이러한 비극이 일어나지 않도록, 잘못된 환경을 부정할 수 있어야 한다. 썩어빠진 환경은 썩어빠졌다고 말할 수 있어야 한다. 눈을 부릅뜨고 정신 똑바로 차려라. 잘못된 환경으로 소중한 생명이 죽어 나가는 데도, 아직도 환경 탓을 하지 말라는 인간이 있다고? 그들에게 이렇게 묻고 싶다.

"당신의 형제자매, 어머니와 아버지, 아들과 딸이 잘못된 환경에 놓여있어도 여전히 같은 생각인가요?"

많은 돈을 벌고 모두가 부러워하는 명성을 가진 연예인도 자살을 하곤 한다. 연예인은 좋든 싫든 대중의 평가를 받을 수밖에 없는 직업이다. 대중의 비판은 연예인에게 숙명과도 같다. 애초에 미움받을 용기가 없었다면, 그들은 그러한 직업을 선택하지도 않았을 것이다. 그렇다. 그들은 용기가 있었다. 비단 연예인들뿐만 아니라, 세상에 나와 싸우는 모든 사람은 용기를 가지고 있다. 그런데 용기 있는 사람들도 자살을 한다. 도대체 왜?

내가 어찌 감히 그들의 심정을 헤아릴 수 있겠냐마는, 그래도 한때 삶과 죽음의 경계를 넘나든 경험을 가졌던 사람으로서 아주 조금이나마 이해할 수 있는 부분이 있다고 믿는다. 그래서 어쩌면 나는, 그들이 진심으로 사랑받는다고 느낄 수 있는 환경이 없었기에 그러한 선택을 하게 된 게 아닐까 하는 생각이 들었다. 돌이켜보면, 나도 마찬가지였었다. 내게 우울증이 닥쳤던 시기에는 그 누구에게도 사랑받고 있다는 느낌을 받지 못했다. 그러한 느낌을 받게 해주는 환경은 더더욱 없었다. 그렇게 삭막한 환경에 있다 보니 죽고 싶은 마음만 커졌다. 그렇게 삭막한 환경에서는 고통을 버티고 살아가야 할 이유를 상실했다. 그렇게 삭막한 환경에서는.

미움받을 용기는 중요하다. 그러한 용기를 가짐으로써 우리는 세상을 더 당당하게 살아갈 수 있다. 하지만 그 당당함을 오래도록 잃지 않고, 정신건강을 지키며 살아가려면 반드시 '사랑받을 환경'이 뒷받침되어야 한다. 그러므로 당신은 기필코 사랑받을 환경을 만들어야만 한다. 누군 가에게 진심으로 사랑받고 있음을 느낀다면, 어떠한 삶의 역경도 헤쳐 나갈 이유가 생긴다. 비난을 받더라도 잘못된 환경을 빠져나올 실행력 이 생긴다.

현재 사랑받지 못하는 환경에 처해있다면, 그 환경을 스스로 감당할 수 있는지 확인하라. 감당할 수 없다고 판단된다면, 비난을 받더라도 빠 져나와라. 이유는 간단하다. 당신에겐 한번 맡은 일은 끝까지 완수해야 한다는 책임감이 더 중요한가 아니면 자신의 신체적·정신적 건강과 생 명을 지키는 것이 더 중요한가? 어디에 가치를 두느냐에 따라 다르겠지 만, 나는 생명을 최우선 가치로 여긴다. 의리·책임감·희생·봉사와 같은 그 어떤 멋들어진 단어도 생명 앞에서는 우선시 될 수 없다. 나는 진심 으로 그렇게 생각한다.

전쟁의 신, 나폴레옹은 이렇게 말했다.

"환경, 나는 환경을 만든다."

우리를 힘들게 하는 관계든, 우리를 기쁘게 하는 관계든 그 모든 것은 환경의 생산물이다. 전쟁 같은 환경에서 형성된 관계는 전쟁 같을 것이 다. 꽃 같은 환경에서 형성된 관계는 꽃 같을 것이다. 좋은 환경은 좋은 관계로 이어질 것이고, 나쁜 환경은 나쁜 관계로 이어질 것이다. 그러한 관계가 우리의 인생에 막대한 영향을 미친다는 것은 모두가 부정할 수 없는 사실이다. 모든 인간관계는 환경의 영향 하에 있다. 그러니 지금 당신의 환경에 문제가 있다면, 그리고 그 환경을 도저히 감당할 수 없을 것만 같다면, 무슨 수를 써서라도 그 환경을 바꾸어라. 새로운 환경을 향해 나아가라. 당신에게 최적화된 환경을 만들기 위해 전력을 다하라. 행복은 그러한 환경을 만들어가는 과정에서 나오는 것이다.

10

사필귀정, 우울증을 극복하고
세상 밖으로 나올 수 있었던 이유

* 사필귀정(事必歸正): 처음에는 그릇된 것처럼 보였던 일도. 결국에
가서는 모두 바른길로 되돌아감을 뜻한다.

나는 어렸을 때부터 한자(漢字)를 참 좋아했다. 내가 초등학생일 때부터 부모님은 천자문과 한자 부수를 배우도록 장려하셨다. 가정방문 학습지 교육을 받을 때도 한문 과목을 필수로 공부했다. 그리고 공교롭게도 중학교 3학년 때와 고등학교 2학년 때 나의 담임선생님은 모두 한문 선생님이었다. 나의 글에 한자성어가 자주 등장하는 것도, 어릴 때부터 꾸준히 받아온 한자 교육의 영향 때문이다. 일상에서 사람들과 대화를 나눌 때도 한자성어를 자주 사용하는 편이다. 그것만큼 내가 처한 상황을 적절히 표현해주는 문장이 없기 때문이다.

한자성어만큼 우리의 인생을 잘 집약시켜 드러내 주는 표현이 또 있을까? 인생을 표현하는 방법을 세탁세제에 비유한다면, 짧은 문장에 깊

은 의미를 내포한 한자성어는 고농축 세제라고 할 수 있을 것이다. 내 머릿속에는 오랜 시간이 지나도 그 향이 너무나 강렬하여 절대 잊히지 않는 고농축 세제들이 있다. 예를 들자면 지음(知音), 기우(杞憂), 망중한(忙中閑), 유비무환(有備無患), 권토중래(捲土重來), 진인사대천명(盡人事待天命) 등이다. 그중에서도 가장 기억에 남는 문장이 무엇이냐고 묻는 다면, 단연 '사필귀정'이다. 인생의 숱한 상처, 인간관계의 어려움, 정신적 시련 등, 내가 겪어온 모든 과정을 단 하나의 문장으로 표현한다면 사필귀정이라고 말할 수 있다. 그 과정 속에 담긴 이야기 보따리를 이번 장에서 천천히 풀어보자.

1. 페르소나에 관한 고찰

내게 우울증이 찾아올 수밖에 없었던 가장 근본적인 이유를 설명하기 위해서는 하나의 개념을 짚고 넘어가야 한다. 당신은 페르소나(persona) 라는 말을 들어보았는가? 일상에서 자주 쓰이는 단어가 아니므로 꽤 생소할 수 있으나, 심리학에 관심이 있는 사람이라면 누구나 한 번쯤 들어 본 말일 것이다. 페르소나는 고대 그리스 연극에서 배우들이 쓰던 가면을 일컫는 라틴어에서 유래한 말이다. 현대사회에서는 '사회적 가면', '가면을 쓴 인격'으로 해석된다. 평소 언행이 몹시 천박한 사람이 격식 있는 자리 또는 사람들이 지켜보는 곳에 가면 스스로 말을 삼가며 조심 스럽게 행동할 때가 있는데, 이것은 그의 페르소나가 제 역할을 한 것 이다. 이처럼 인간은 페르소나로 인해 내 마음대로 하고 싶은 욕망의 자아와 사회적 규범을 지키려 하는 책임감 있는 자아의 균형을 맞출 수 있다. 페르소나는 인간이 사회에 좀 더 잘 적응하며 살아갈 수 있게 해주는 윤활제인 것이다.

페르소나 개념은 심리학의 3대 거장 중 한 명으로 불리는 칼 구스타프 융에 의해 많은 사람에게 알려졌다. 융은 사람들이 단순히 타인에게 잘 보이고 싶어서, 좋은 인상을 심어주고 싶어서 자신의 진짜 모습을 감추려고 하는 것을 페르소나의 가장 큰 단점으로 꼽았다. 그는 사회에 나를 맞추기 위한 가면(거짓 자아)은 분명 필요하지만, 이것이 자신의 본모습(진짜 자아)과 충돌을 일으켜 정체성의 혼란을 야기한다고 보았다. 진짜 자아와의 갈등, 이것이 우리가 극복해야 할 페르소나의 한계이다.

나는 10대 때부터 주변인들에게 보이고 싶은 내 모습과 실제 내 모습의 격차를 줄이기 위해 각양각색의 페르소나를 만들어내며 살아왔다. 내가 '사람들에게 보이고 싶은 내 모습'은 언제나 당당하고 매력적이면서, 지성과 사교성을 겸비하여 붙임성도 좋으며, 넘치는 카리스마와 탁월한 유머감각으로 친구들의 마음을 사로잡는 리더로서의 모습이었다. 그래서 말수가 적고 소심한 내 모습을 감추고, 일부러 먼저 말을 걸고, 솔선수범하는 모습을 보여주기 위해 애를 썼다. 본디 내향적인 사람이 외향적인 척을 하려니 보통 힘든 것이 아니었다. 하지만 그때는 그렇게 해야만 치열한 인간관계의 늪에서 살아남을 수 있다고 생각했다. 또, 그렇게 해야 사람들이 나를 좋아할 것이라 믿었고, 그로 인해 사회에 더 잘 적응할 수 있을 것이라 생각했다.

그러나 실제 내 모습을 한마디로 표현하자면 그냥 '찌질이'였다. 아무리 페르소나를 바꿔가며 새로운 관계를 맺어도 본연의 허술한 자아를 감출 순 없었다. 외향적인 척, 거침없는 척 애써봐도 타인을 대하는 건 언제나 긴장되고 두려웠다. 유머감각이 있는 척, 재미있는 사람인 척 노력해도 사람들은 내 말에 시큰둥했다. 카리스마 있는 척, 터프한 척 연기해도 친구들은 나를 한없이 연약하고 순진한 녀석으로 취급했다. 나는 주변인들에게 그런 취급을 받는 내 모습을 절대 인정하고 싶지 않았다. 그래서 거짓 우월감을 만들어내 남들과 다르다고 생각했다.

융의 말처럼, 이런 태도를 오랫동안 고수하고 끊임없이 거짓 자아를 만들다 보니, 진짜 내 모습과 사람들에게 보이고 싶어 하는 내 모습 사이에서 혼돈이 일어나기 시작했다. 바로 이 점이 내가 세상 사람들과 '공존할 수 없다는 느낌'을 심어주었다. 사람들은 나와 달리 자신에게 맞는 적절한 페르소나를 이용하여 그럭저럭 잘 사는 듯 보였다. 하지만 나는 그러지 못했다. 아니, 그럴 수 없었다. 있는 그대로의 내 모습을 보여주면 사람들과 잘 어울리지 못할 것이라 생각—훗날 그것이 매우 잘못된 생각이었음을 깨달았다—했다.

진짜 자아와 거짓 자아 사이에서 오락가락하던 나는, 끝내 나에게 맞는 사회적 가면을 찾을 수 없었다. 이 상태가 계속되면 사회의 구성원으로서 타인과 온전한 관계를 맺지 못하고, 지독하게 고독한 인생을 살게 될지도 모른다는 생각이 들었다. 그때부터 극도의 불안감이 온몸을 에워쌌다.

세상에 존재하는 모든 사람과 결코 섞일 수 없을 것 같은, 그 무시무시한 이질감을 느껴본 적 있는가? 말로 표현할 수 없이 불안한 감정이 내 마음속에 일어난 그 시점부터, 눈을 뜨고 있는 내내 소름 끼치도록 무거운 마음이 나를 짓눌렀다. 정체를 알 수 없는 검은 우울의 그림자가 나를 덮친 것이다. 아침에 눈을 떴을 때는, 아직도 내가 살아있다는 사실이 상상을 초월할 정도로 고통스러웠다. 온종일 괴로움에 몸부림치다가, 잠을 자려 눈을 감으면 다시는 눈을 뜨지 않기를, 내일이 오지 않기를 간절히 바랐다. 그러나 '내일은 해가 뜬다'는 진리는 혹시나 하는 내 기대를 처참히 깨부숴주었다.

나의 극심한 우울증은 절대 단 하나의 원인으로 생겨난 것이 아니었다. 낮은 자존감, 낮은 비교면역력, 사랑의 실패, 괴롭힘을 당했던 기억, 제때 울지 못하는 버릇과 그로 인한 감정의 쌓임, 피부(여드름) 스트레스로 인한 대인기피증 등 여러 가지 복합적인 요인들이 나도 모르는 사이에 서서히 병을 키우고 있었다. 그중에서도 가장 본질적이며 결정적인 원인은 진짜 자아와 페르소나의 충돌에서 오는 정체성 혼란이었다. 이 혼란으로 마침내 숨겨져 있던 병이 실체를 드러낸 것이다.

병의 원인을 개념화시키고 스스로 이해하기까지는 정말 오랜 시간이 걸렸다. 나이를 먹어감에 따라 세상을 배우고 좀 더 성숙해진 나는, 자연스럽게 당시 우울증의 원인을 세세하게 파악할 수 있었다(우울증에 걸렸을 때는 페르소나라는 단어의 뜻조차 몰랐다). 여담이지만, 당신이 만약 보이지 않는 무언가에 두려움과 불안함을 느끼고 있다면, 그 대상을 정확히 개념화시키는 방법을 터득해야 한다. 무엇이 당신을 불안하게 하는지, 또 두렵게 만드는지에 대한 가장 본질적이며 근본적인 원인을 찾아야만 한다. 그래야 실질적인 대책 마련이 가능하다. 이와 관련하여 세계적인 경영학자 피터 드러커의 말을 기억하길 바란다. 그는 "측정할 수 없으면 관리할 수 없고, 관리할 수 없으면 개선할 수 없다"는 명언을 남겼다. 당신이 느끼는 고통의 본질을 측정하라. 글로 써도 좋고, 입 밖으로 말해도 좋다. 고통을 측정했다면 그것을 관리·개선할 방법을 적극적으로 검토하고 탐색하라. 적을 알아야 적을 이길 수 있다는 사실을 명심해야 한다.

우울증을 극복한 뒤에도, 나는 여전히 어떤 가면을 쓰고 이 험한 세상을 살아가야 할지 좀처럼 감을 잡지 못했다. 그래도 포기하지 않고 계속 방법을 찾으려 노력했다. 실타래처럼 얽히고설킨 페르소나와의 갈등을 풀기 위해, 내가 가장 먼저 취한 행동은 당당히 세상과 마주하는 것이었다. 가슴을 똑바로 펴고 씩씩하게 걸으면서 정자세로 세상을 향해 한 걸음씩 나아갔다. 그 과정에서 자연스럽게 겪게 되는 인간관계의 갈등과 트러블 등으로부터 '나의 본질'을 파악하려 노력했다. 본질에 가까워지기 위해 끊임없이 생각과 행동을 수정하면서, 내가 가장 '자연스럽다'고 느끼는 상태가 무엇인지 체크했다. 그렇게 긴 시간에 걸쳐 실제 자아와 페르소나의 정반합(正反合) 과정을 거쳤고, 마침내 페르소나와 진짜 내 모습의 타협점을 찾아냈다. 덕분에 지금은 더 이상 페르소나로 인한 혼돈을 겪지 않는다. 쉽게 말하자면, 나는 그냥 있는 그대로의 '나'로 살기로 했다.

나는 '나답게' 사는 것이 가장 자연스럽다는 것을 느꼈다. 이 이상 마땅한 답을 찾을 수 없었다. 누가 뭐래도 나는 '나'인 것이다. 이에 더하여, 우연히 본 어느 다큐멘터리에 등장한 한 사람의 말이 내 생각을 더욱 굳혀주었다. 어떤 프로그램이었는지 기억나진 않지만, 그분은 교사로 보였으며, 제자들과 함께 등산을 하고 있었다. 그는 숨 가쁘게 올라와 다다른 산등성이 위에서 이렇게 말했다.

"내가 나로 살면, 내가 곧 길이 됩니다"

당시 그의 말을 듣고 탄성을 질렀던 기억이 난다. 나는 혹여 잊어먹을까 곧바로 펜을 잡고 메모장에 얼른 옮겨 적었다. 지금 이 순간, 이 책을 통해 당신에게 그의 말을 전해줄 수 있어서 너무나도 기쁘다.

2. 나는 어떻게 우울증을 극복했을까

늦여름부터 찾아온 작은 우울감이 날이 갈수록 심해졌다. 본격적으로 쌀쌀한 날씨가 시작되는 11월부터는 학교 수업을 빼먹는 날 또한 잦아졌다. 알람 소리에 맞춰 눈을 뜨면, 아침이 너무 고통스러워 도저히 평소처럼 몸이 움직여지지 않았다. 12월이 되었을 땐 상태가 더욱 나빠져, 생애 최초로 기말고사가 있는 날까지 결석하고 말았다. 나는 이대로는 안 되겠다 싶어, 또 생애 최초로 정신과 의원을 방문했다.

처음으로 정신과 의원을 찾은 그 날을 또렷이 기억한다. 원무과 직원의 안내를 받고 진료실에 들어선 순간, 왠지 모를 차가움과 딱딱함이 느껴졌다. 의사 선생님은 나를 한번 흘끗 보더니 기계적인 목소리로 나의 상태를 물어보았다. 굉장히 경직된 분위기에 자연스레 귀가 본능이 발동했으나, 기왕 여기까지 왔으니 현재 상태를 차분하게 설명했다. 흥미로운 점은, 상담시간 내내 그분이 내 얼굴을 거의 쳐다보지 않았다는 것이다. 진료실에는 힘없는 나의 목소리와 '따닥따닥' 무미건조한 키보드 소리만이 울려 퍼졌다. 기분 탓인지 아니면 내가 기대했던 상황과 너무

달라서였는지, 상담 후에 오히려 더 우울해진 것 같은 느낌이 들었다. 집으로 돌아가는 발걸음은 정신과를 방문하러 왔던 발걸음보다 한층 더 무거워졌다.

의사에 처방에 따라 조제된 우울증 약을 복용하니, 신기하게도 마음이 가라앉고 잠이 잘 왔다. 덕분에 하루 종일 아무런 생각 없이 잠만 잤다. 그러나 아침은 여전히 고통스러웠다. 아무리 약에 의지해도 결국엔 한계가 있었다. 왜 굳이 이렇게까지 살아야 하는지에 대한 그 어떤 이유도 찾을 수 없었다. 그래서 더욱 괴로웠다. 내 상태를 보다 못한 어머니는 어떻게든 내가 다시 일상으로 돌아올 수 있도록, 우울증 치료를 잘한다는 병원을 찾아 여기저기 뛰어다니셨다. 하지만 그런 어머니의 노력이 무색하게도, 내 몸과 마음은 작은 방구석에 놓인 침대에 붙잡혀 떠나질 못했다.

얼마나 시간이 지났을까. 나도, 가족들도 지쳐있을 무렵, 어머니의 소개로 지금의 은사님을 만나게 되었다. 은사님은 택시기사님이셨다. 그는 내가 살았던 지역에서 덕망이 높아 멀리서도 사람들이 찾아오는 현인이었다. 병원을 찾아다니시던 어머니는 집에 돌아오는 길에 우연히 지나가는 택시를 잡으셨고, 이를 계기로 그분과 귀한 인연을 맺게 되었다. 그렇게 만나게 된 은사님은 자신의 경험담을 나와 어머니에게 들려주셨다.

은사님도 살면서 우울증에 빠진 몇몇 사람들을 봐왔다고 하셨다. 한창 팔팔할 나이에 그러한 모습을 지켜보는 것이 너무나 안타까웠던 은사님은 그들에게 등산을 권유하셨다고 한다. 처음엔 모두 손사래를 쳤지만, 은사님의 끈질긴 설득 끝에 마음이 움직인 그들은 하루도 빠짐없이 산에 올랐다. 그들은 매일같이 새벽에 일어나 등산을 하였고, 시간이 지날수록 우울감이 완화되는 것을 느꼈다. 현재는 모두 일상으로 돌아와 누구보다도 힘차게 세상을 살고 있다고 한다.

이러한 경험을 바탕으로, 은사님은 나에게도 근처에 있는 좋은 산을 소개해주겠다고 하시며, 그곳을 함께 등반해보지 않겠냐고 하셨다. 일리 있는 말이었지만, 가뜩이나 힘든 마음에 오르막길은커녕 평지를 걷는 것조차 버거웠는데, 처음 본 사람이 등산을 권유하니 이 무슨 황당한 일이란 말인가. 그러나 그는 나를 위해 기꺼이 시간을 내어주신 데다 어머니의 노고로 어렵게 모신 분이었다. 나는 어머니가 현명한 분이라는 것을 알기에 어머니가 선택한 사람을 믿었다. 하지만 지금 당장은 그 누구와도 말하고 싶지 않았다. 그래서 그 상황을 회피하려고 마지못해 일단 알겠다고 대답했다.

은사님은 시간이 날 때마다, 아니 오히려 시간을 내서 우리 집을 방문해주셨다. 그의 따뜻하고 인자한 목소리가 정신과 의원에서 만난 사람들의 딱딱한 목소리보다 내 마음을 좀 더 편안하게 해주었다. 그 때문이었을까. 나의 마음이 조금씩 열리기 시작했다. 그러다 보니 언제부턴가 은사님께서 집을 방문하는 날을 기다리게 되었다. 그를 만난 날에는 어렸을 때부터 현재까지 있었던 일과 지금 느끼는 고통을 모조리 털어놓았다. 가족들에게도, 병원에서도 이야기하지 못한 말들을 털어놓으며 조금씩 마음이 안정되는 것을 느꼈다. 어쩌면 나는 내 이야기를 일말의 해석 없이, 있는 그대로 귀 기울여 들어주는 사람이 필요했던 것인지도 모른다. 은사님과 나는 만난 지 얼마 되지 않았지만, 만난 기간 따위는 아무래도 상관없었다. 중요한 것은 지금 바로 여기에서, 그가 내 말을 진심으로 경청해주고 있다는 사실 그 자체였다. 이때부터 나는 경청의 힘이 얼마나 위대한가를 뼈저리게 느꼈다.

은사님을 만난 지 한 달여 정도가 흐른 무렵, 나는 그와 함께 동네 외곽의 가파른 산을 올랐다. 평소 운동을 하지 않았을뿐더러, 온종일 누워만 있어서 근력이 약해진 상태로 산을 오르려니 여간 힘든 게 아니었다. 등산로 입구에서 본격적으로 산을 오르기 시작한 지 1분 만에 숨이 차기 시작했다. 이미 예상한 일이었지만, 힘들어도 너무 힘들었다. 그러나 여기서 포기하면 내 인생은 끝장이라고 생각했다. 게다가 얼마 전 새벽에 어머니가 목놓아 우는 소리를 듣고 난 뒤라, 무슨 일이 있어도 이번에는 병을 이겨내겠다고 다짐했다.

숨을 헐떡거리며 나보다 훨씬 앞서가시는 은사님을 따라갔다. 한겨울에도 땀이 비 오듯 쏟아졌다. 몸에서는 만화 〈원피스〉의 주인공 루피가 '기어 세컨드'라는 기술을 쓸 때와 같이 연기가 피어올랐다. 육체는 분명히 고통을 호소하고 있는데, 정신은 오히려 하염없이 맑아지는 것을 느꼈다. 다리를 후들거리며 산 중턱에 올라왔을 때 미칠 듯이 목이 말라 물을 한 모금 마시는 순간, 말할 수 없는 행복이 느껴졌다. 집에서 마시던 물과는 차원이 달랐다. 시원한 물줄기가 목구멍을 타고 내려가는 느낌이 내가 '살아있음'을 깨닫게 해주었다. 집구석에 박혀 하루 종일 우울의 늪에서 허우적대느라 느끼지 못했던, 상상을 초월하는 불안과 깊은 고독에만 정신이 팔려 감히 생각조차 할 수 없었던 바로 그 감정, 환희를 말이다.

한숨을 돌리고 나니 흐릿했던 시야가 또렷해지며 초록색으로 뒤덮인

울창한 나무숲이 보였다. 깊은 산의 고요 속에서 나라는 생명체가 내쉬는 숨소리와 나뭇잎에 덮인 흙길을 밟는 발자국 소리만이 들릴 뿐이었다. 이따금 청설모와 다람쥐도 보였고 새들이 지저귀는 소리도 들렸다. 그때에야 나는 비로소 눈치를 챘다. '은사님은 내게 이런 기분을 맛보게 해주려고 하셨던 거구나.'

그날 이후, 나는 혼자서 산을 오르기 시작했다. 은사님의 권고대로, 4개월 동안 일주일에 6번씩 산에 올랐다. 몸이 힘들어서 빼먹는 날도 꽤 많았지만, 주어진 기간 안에는 어떻게든 실천해보려 애를 썼다. 정 못 오르겠으면 등산로 입구까지라도 갔다가 다시 집으로 돌아왔다. 저질 체력으로 인해 처음에는 30분도 채 오르지 못했으나, 날이 갈수록 체력이 향상되는 것을 느꼈다. 어느 정도 기초체력이 단련된 뒤부터는 거의 매일 빠짐없이 산에 올랐다. 그러다 보니 두 달째 되는 날에는 산 정상에 오를 수 있었고, 석 달째 되는 날에는 정상을 넘어 능선을 타면서 왕복 8시간 동안 산을 오르내리기도 했다.

산 정상에 오르면 밑에 있는 모든 물체가 미니어처와 같이 작게 보인다. 해발고도 1000m도 안 되는 산-당시 내가 올랐던 산은 금정산 고당봉으로 대략 800m의 높이였다-에 올라도 이렇게 작게 보이는데, 우주에서 지구를 바라보면 이 모든 것들이 얼마나 작게 보일까 하는 생각이 들었다. 작은 지구 속에 자리 잡은, 작은 면적의 국가에 속한, 작은 마을의 작은 집에 사는 작은 나. 이렇게 작은 내 머릿속에 있는 그 모든 고민들이 너무나도 작게 느껴졌다. 그렇게 어느새 나를 덮쳤던 검은 우울의 그림자는 믿을 수 없을 만큼 작아져 있었다. 너무 작아서 마음속 현미경으로 살펴봐도 절대 보이지 않을 만큼.

그렇다. 나는 끝없는 어둠으로 뒤덮인 동굴 속에서 빠져나와 마침내 눈 부신 햇살을 맞이한 것이다. 햇살을 느낄 수 있음은 말로 표현할 수 없을 만큼 감사한 일이었다. 하지만 얼마 뒤에는 동굴에 있었던 시간마저도 감사하게 느껴졌다. 빛은 어둠이 있기에 더 소중하게 느껴지는 법이니까.

그래도 나에게 너무나도 많은 축복이란 걸 알아

수없이 많은 걸어가야 할 내 앞길이 있지 않나

그래 다시 가다보면 걸어 걸어 걸어가다 보면

어느 날 그 모든 일들을 감사해 하겠지

-강산에 〈거꾸로 흐르는 강물을 거슬러 오르는 저 힘찬 연어들처럼〉 가사 中

어머니가 은사님을 만난 날은 내 인생의 나비효과가 되었다. 매년 설날이 다가올 때면, 가족들과 함께 은사님을 찾아뵙고 큰절을 올린다. 나는 은사님께 여쭤보았다. 왜 아무런 연고도, 특별한 이득도 없는 나에게 도움을 주었는지. 은사님은 자신도 어렸을 때 죽을 만큼 크게 아파본 경험이 있기에, 아픈 사람들을 보면 그냥 지나치지 못한다고 하셨다. 그리고 무엇보다도, 당시 어머니의 눈빛이 너무나도 간절하고 딱해 보였다고 말씀하셨다. 아마도 나는 죽는 날까지 이분들의 은혜를 갚아도 한없이 모자랄 것이다.

3. 나 그리고 당신이 다시는 무너지지 않도록

우울증을 겪고 난 이후, 세상을 대하는 태도가 매우 많이 바뀌었다. 가장 크게 바뀐 점은 세상을 마주하는 것과 사람을 만나는 것을 예전처럼 두려워하지 않게 된 것이다. 그렇다고 해서 두려움이 완전히 없어진 것은 아니다. 두려워도 앞으로 한걸음 내딛는 용기를 배웠을 뿐. 그 덕에 적극적으로 많은 사람을 만나게 되면서 알게 된 한 가지 사실이 있다. 그것은 바로 우울증, 대인기피증과 같은 마음의 병이 나만의 문제가 아니었다는 점이다. 생각보다 많은 사람이 남몰래 마음의 병을 앓고 있었고, 끊임없이 자기 자신과 '관개'를 맺으며 고통받고 있었다. 나는 이러한 현상이 사회 전반에 걸친 심각한 문제임을 인식했다.

왜 이토록 많은 사람이 마음의 병을 앓고 있는 것일까? 누군가는 착하게 살아서라고 말한다. 착한 사람들이 속에 있는 말을 잘 드러내지 않아서, 그것이 쌓이고 쌓여서 병에 걸리는 것이라고 이야기한다. 사실 여부를 떠나, 나는 이 말을 부정할 수가 없다. 내가 바로 그런 과정을 거쳤으니까. 나는 나름 착하게 살았다고 생각했다. 원만한 인간관계를 유지하려면 무조건 착해야 한다고 믿었다. 유치원에서, 학교에서, 사회에서 권선징악을 배웠던 나에게는 그게 맞는 길이었다. 하지만 이 세상과 잘 어울리며 살아가기 위해서는 '착함'도 중요하지만, '강함'이 훨씬 더 중요하다는 사실을 깨달았다.

우리는 좀 더 강해질 필요가 있다. 강해지라는 말은 남들에게 억박지르거나 센 척을 하라는 뜻이 아니다. 오히려 그런 행동은 스스로 불안하고 약한 존재임을 드러내는 꼴이다. 당신도 알고 있지 않은가? 고수는 소리 없이 강하다는 것을. 고수가 되는 방법을 묻는다면 글쎄, 나는 당신에게 해줄 말이 없다. 나도 아직 고수가 아니기 때문이다. 비록 고수는 아니지만, 앞으로 인생을 살아가면서 어떻게 하면 약한 나를 넘어설 수 있을까, 스스로 무너지지 않을 수 있을까를 생각하다가 내 나름의 해답을 찾아냈다. 나와 당신이 더 이상 무너지지 않도록, 내가 찾은 해답은 다음과 같다.

첫째, 과거에 얽매이지 않고 자신의 가치를 정하라.

나는 항상 나 자신을 의심하며 끊임없이 스스로를 가치 없는 사람으로 취급했다. 이유인즉슨 나의 과거 때문이다. 과거에 친구들에게 괴롭힘당하고, 늘 무시 받았던 기억 때문에 내가 소중한 사람이라는 것을 인정할 수 없었다. 내가 정말 가치 있고 소중한 사람이라면 그런 일들이 벌어지지 않았어야 했다고 생각했다. 하지만 나는 두 가지 사실을 간과하고 있었다. 하나는 과거는 과거일 뿐이며, 과거에 벌어진 일들과 지금의 내 가치는 아무런 상관이 없다는 사실이다. 또 하나는 현재 내가 어떤 생각과 태도를 가지고, 앞으로의 인생에 어떤 의미를 부여하며 살아갈지 선택하는 것은 오로지 지금을 사는 나 자신에게 달려있다는 사실이다. 두 번째 사실은 내 감정의 운전대는 현재의 내가 잡아야 한다는 것을 의미했다. 그동안 나는 내 감정의 운전대를 타인 또는 과거의 내가 잡도록 내버려두었던 것이다.

당신이 과거에 어떤 일-그것이 긍정적인 경험이든 부정적인 경험이든-을 겪었건, 누가 당신에게 뭐라고 했건 그것은 당신의 현재 가치와는 전혀 무관하다. 앞 문장을 밑줄 긋고 머릿속에 새겨놓길 바란다. 자존감이 상당히 낮은 사람들은 이를 부정할지도 모르겠다. 하지만 이것은 명백한 사실이다. 당신이 과거에 어떤 삶을 살았건, 당신의 현재 가치는 딱 '당신이 생각하는 것'만큼 가치 있다. 당신의 가치는 제일 먼저 당신이 정하는 것이기 때문이다.

우리가 의미를 부여하지 않는 한 그 무엇도 의미를 지니지 못한다. … 당신이 그것을 만든다. 당신이 결정한다. 가치 있는 사람인지 아닌지 결정하는 사람은 오직 당신이다. 그것은 당신의 견해이다. 당신이 스스로 가치 있다고 말하면 그런 것이다. 스스로 가치 없다 말하면 가치 없는 사람인 것이다. 어느 쪽이건 당신은 스스로 지어낸 이야기에 따라 살아갈 것이다.

-하브 에커《백만장자 시크릿》

미국 농구 역사상 최고의 인간 승리라고 불리는 선수의 이야기를 들어보았는가? 그 선수의 이름은 스퍼드 웹이다. 웹은 어렸을 때부터 NBA에서 활약하는 멋진 농구선수가 되고 싶어 했다. 그러나 168cm라는 키는 언제나 그에게 걸림돌이 되었다. 프로 농구선수의 평균 신장에 한참 못 미치는 수준이었기 때문이다. 그는 주변 친구들뿐만 아니라 그의 가족에게까지도 농구선수로서 '가치'가 없다는 말을 들어야만 했다. 하지만 그는 자신의 가치를 믿었다. 반드시 자신이 훌륭한 농구선수가 될 수 있다고 믿었다. 그는 현실을 탓하는 대신 '민첩함'으로 작은 키의 단점을 장점으로 바꾸었다. 또, 슈팅력과 드리블, 점프력을 향상시켜 불리한 높이를 보완했다. 그러한 노력이 빛을 발하여 마침내 NBA에 입단하게 된 웹은, 거기서 만족하지 않고 덩크 콘테스트에 참가하여 2m가 넘는 괴물들을 물리치고 당당히 우승을 거머쥐었다. 그뿐만 아니라 같은 팀의 상당한 실력자들 사이에서 주전으로 발탁되어, 엄청난 실력으로 프로리그에서 맹활약했다. 웹은 키가 작은 사람도 훌륭한 농구선수가 될 수 있다는 것을 스스로와 모두에게 증명해 보였다. 그 증명의 시작점은 누가 뭐라고 했건 자신의 가치를 '믿는' 것이었다. 그는 자신의 가치를 믿었기에 세상으로부터 그 가치를 인정받는 사람이 될 수 있었다.

평범한 우리들은 스퍼드 웹과 같은 끈기와 열정 그리고 불굴의 의지력을 가질 수 없을지도 모른다. 하지만 그가 진심으로 자신의 '가치'를 믿었던 훌륭한 태도는 보통사람들도 충분히 본받고 실천할 수 있는 부분이다. 많은 사람이 자신의 가치는 남들이 정해주는 것이라 믿지만, 순서가 바뀌었다. 남들이 나를 가치 있다고 칭찬해줘서 갑자기 내가 가치 있는 사람이 되는 게 아니다. 내가 먼저 나의 가치를 믿고 진득하게 나아갈 때 의심은 확신으로 바뀌고, 정말 가치 있는 인생을 살 수 있다. 그러다 보면 어느새 나에게 매료된 주변 사람들이 나의 가치를 인정하게 되는 것이다. 가치 측정의 인과관계를 분명히 해야 함을 명심하라.

흔한 광고 문구는 '당신은 소중한 사람입니다', '그 누구보다 특별한 사람입니다' 따위의 영혼 없는 말들을 늘어놓지만, 그들은 당신의 가치를 평가할 자격이 없다. 나 또한 마찬가지다. 나는 그들처럼 무책임하게 당신을 가치 있는 사람, 소중한 사람이라고 말하지 않을 것이다. 나는 당신이 가치 있는 사람인지 아닌지 모른다. 다만 우리가 처음 만난다면, 내가 당신의 생각에 영향을 받을 것이라고는 말할 수 있다. 당신이 자신의 가치를 믿는 사람이라면, 나는 그 영향을 받아 당신을 가치 있는 사람이라고 판단할 것이다. 반면에 당신 자신을 형편없는 사람으로 대하고 있다면, 나 또한 그것에 영향을 받아 처음 만난 당신을 형편없는 사람으로 느낄 것이다. 자신의 가치를 판단하는 주체는 우리 자신이다. 그러므로 당신의 가치를 지금 여기서 스스로 정해라.

둘째, 지지 않을 곳에 서 있어라.

"지지 않을 곳에 서서, 이길 때를 기다린다." 《손자병법》에 나오는 말이다. 인간은 어리석고 인생은 험난하다. 지지 않는다는 것은 험난한 인생을 대비하여 수비를 튼튼하게 한다는 말과 같다. 스포츠에서 공격을 잘하는 팀은 승리를 하지만, 수비를 잘하는 팀은 우승을 한다고 한다. 그러므로 지지 않기 위해서는 수비를 잘해야 한다. 수비를 잘하면 지지 않는다.

'지지 않을 곳'은 구체적으로 무엇을 뜻하는 걸까? 사람마다 이에 대한 정의는 다르겠지만, 나는 지지 않을 곳을 '내 시간', '내 공간', '내 사람'을 확보하는 것이라고 해석했다. 인생의 길을 걷다 실수로 넘어지더라도, 나를 다시 일으켜 세워줄 나만의 시간과 공간과 사람이 있어야 한다는 말이다.

자, 그럼 이제 자신에게 물어보라. 당신의 고통을 치유할 시간이 있는가? 당신의 마음을 편안하게 해줄 공간이 있는가? 지친 당신의 어깨를 감싸줄 '내 사람'이 있는가? 이 세 가지 요소는 서로 맞물린 톱니바퀴와 같아서, 하나라도 빠지면 낙담의 골짜기에서 빠져나올 동력이 사라진다. 세 가지 톱니는 전부 똑같이 중요하다. 그러므로 단 하나의 톱니도

소홀히 하지 않도록 늘 신경 써서 관리해야 한다. 그렇게 하여 늘 지지 않을 곳에 서 있을 수 있다면, 반드시 당신이 이기는 날이 오고야 말리라.

셋째, 가장 나답게 살아라.

'멀티 페르소나'의 시대라고들 말한다. 멀티 페르소나는 '다중적 자아'라고도 할 수 있는데, 상황에 맞게 다양한 정체성을 드러내는 것을 의미한다.

나는 실제 자아와 페르소나의 충돌에 의해 생긴 혼돈으로 한방에 나가떨어졌었다. 그런데 멀티 페르소나라니, 생각만 해도 끔찍하다. 과연 현대인들이 아무런 대비 없이 이러한 현상을 감당할 수 있을까? 실제 온라인상에서는 멀티 페르소나로 인한 정체성 혼란으로 고통을 호소하는 이들이 적지 않다. 이럴 때일수록, 우리는 페르소나에 대한 융의 지적을 새겨듣고 경각심을 가져야 한다. 그리고 페르소나의 '본질'을 파악해야 한다.

페르소나의 본질은 무엇인가? 바로 '타인을 의식하는 것'이다. 혼자 있으면 페르소나는 작용하지 않는다. 혼자서 엘리베이터를 타면 우리는 거울을 보며 스스로 흡족해하거나, 음악을 틀거나, 휘파람과 노래를 부른다. 그러다 엘리베이터가 멈추는 순간, 다른 사람이 들어오는 것을 염려하여 입을 닫고 볼륨 소리를 낮추고 멀쩡한 사람인 척 가만히 서 있는다. 이것은 분명 좋은 현상이다. 페르소나로 인해 타인에게 피해를 주지 않고 적절히 사회에 스며들 수 있으니 말이다. 그러나 현대인들은 지나치게 타인을 의식한 나머지 특정 상황에서 반드시 해야 할 말을 하지 못하고 속에 꾹 눌러 담거나, 단지 누군가 자기를 싫어할까 봐 인생의 중요한 가치들을 놓치기도 한다. 페르소나도 과유불급인 셈이다. 바로 이 사실 때문에, 현대사회를 살아가는 우리에게 '미움받을 용기'가 꼭 필요한 것이 아닐까.

그렇다. 우리는 거대해진 페르소나에 대항할 용기가 필요하다. 그 용기는 어디서 나오는가? 그것은 '나다움'으로부터 나온다. 이리 부딪치고 저리 부딪치며 세상을 배웠던 나는 '가장 나다운 것이 가장 용기 있는 것'이라는 교훈을 얻었다. 불필요한 가치는 내려놓은 채 내가 나임을 인정하고, 있는 그대로의 온전한 나로 살아가며 용기를 얻고, 또 그게 곧 나의 길이니 그저 묵묵히 그 길을 걸어가는 것이다. 여기서 우리가 던져야 할 질문은 '가장 나다운 것이 무엇인가?'이다. 언제나 이것을 고민해야 한다. 나는 당신을 모르기 때문에 가장 당신다운 것이 무엇인지 모른다. 그 해답은 내가 가르쳐줄 수 없을뿐더러, 그렇게 해서는 안 된다는 것을 당신도 잘 알고 있을 것이다. 나는 내 경험을 토대로 올바른 방향을 제시할 뿐이다. 그 방향으로 나아가고자 하는 결심은 오로지 당신의 몫이다.

우리가 인간인 이상, 완전히 타인의 시선을 신경 쓰지 않을 수는 없다. 그래서 "눈치 보지 마", "남 의식하지 마"와 같은 알맹이 없는 조언은 차마 하지 못하겠다. 그러나 단순히 타인의 시선 때문에, 타인의 시선 자체가 목적이 돼버려 우리의 행동을 제약해야 한다는 것에는 동의할 수 없다. 우리가 엘리베이터에서 별난 행동을 하지 않는 이유는, 내가 사회에 해를 끼치지 않는 존재이며 스스로 정상적인 사람이라는 것을 인식하기 위한 목적이 내면에 자리 잡고 있기 때문이지, 결코 타인의 시선 자체에 목적이 있기 때문이 아니다. 단순히 타인의 시선이 아닌, 인생을 제대로 살아가고자 하는 것에 목적을 두고 가장 나답게 살아간다면, 비록 남들이 신경 쓰여도, 괜히 눈치가 보여도, 페르소나가 작용해도 쉽게 무너지지 않고 소신을 지키며 살 수 있지 않을까. 소신은 나답게 살아가기 위해 갖춰야 할 필수 덕목이니까 말이다.

제3장

지피(知彼),
타인을 알고, 세상을 알다

우리가 사람을 대할 때, 논리의 동물을
대하고 있지 않다는 점을 기억할 일이다.
우리는 감정의 동물, 편견으로 마음이 분주하고
자존심과 허영에 따라 움직이는 동물과
상대하고 있는 것이다.

-데일 카네기-

RELATIONSHIP

11

관계의
디폴트default

근자열 원자래(近者說遠者來).
가까이 있는 사람을 기쁘게 하면 멀리서도 사람이 찾아온다.
-공자(사상가)-

人不知而不慍(인부지이불온), 不亦君子乎(불역군자호).

"남이 나를 알아주지 않아도 노여워하지 않는다면, 이 또한 군자가 아니겠는가?"

사서(四書) 중 하나인 논어(論語)의 학이(學而)편 1장에 나오는 내용이다. 중학생 때 담임선생님의 담당 과목은 한문이었다. 그때 선생님께서 가르쳐주신 이 문장이 어렴풋이 기억에 남아있다. 지금 다시 봐도 여전히 인상적인 문장이다.

사람들은 매사에 남들의 시선을 신경 쓰고 또 그만큼 중요하게 생각한다. 그래서 똑같은 행동을 하더라도, 누군가 자신의 행동에 관심을 가져줄 때와 아무도 관심을 가져주지 않을 때 느껴지는 마음의 온도가 다를 수밖에 없다. 보통사람인 우리가 남이 자신을 전혀 알아주지 않는데도 과연 노여워하지 않을 수 있을까?

앞 장에서 언급했듯, 어린 날의 나는 스스로 예의의 대가가 되어 자아도취에 빠져있었다. 그래서 누구든 나의 착한 행동을 알아보고 마땅히 칭찬해줘야 한다고 생각했다. 심지어 나를 알아보지 못하고 나에게 관심이 없는 사람들을 사람 보는 눈이 없는 작자들로 여기기까지 했다. 그들이 나를 알아주지 않으면 이상하게 화가 나고 오기가 생겼다.

'저 사람은 다른 사람에게는 잘도 관심을 보이면서 왜 나에게는 관심이 없는 걸까?' 그때는 그들이 내가 아닌 다른 사람에게 더 관심을 보이는 게 그렇게 서운할 수가 없었다. 생각하는 것만 보면 관심종자인 것 같은데, 성격은 또 소극적이라 특별히 튀는 행동을 하진 못했다. 그저 혼자서 노여워하고 시무룩할 뿐이었다. 전혀 그래야 할 이유가 없는데도 말이다.

그때의 나는 왜 주변 사람들에게 마땅히 관심을 받아야 한다고 생각했을까? 이유는 간단하다. 스스로 대단하고 특별한 사람이라 착각했기 때문이다. 그리고 무엇보다도, '관계의 디폴트'를 잘못 측정했기 때문이다.

우리가 사는 세상에는 디폴트 즉, '기본값'이라는 게 존재한다. 예를 들면 짜장면 한 그릇의 기본값, 수학공식의 기본값, 컴퓨터 프로그램의 기본값 등이다. 나는 어릴 때부터 인간관계에서도 이 디폴트가 존재한다는 것을 느끼며 살아왔다. 학교·사회·일터에서 만난 모든 사람과의 관계를 생각해보라. 눈으로 보이지는 않지만, 그 표면적인 관계 속에는 우리가 미처 생각지 못한 인간관계의 기본값이 숨어있다.

나는 가족을 제외하고 사회에서 만난, 나와 표면적인 관계를 맺고 있는 이 세상 모든 사람이 나를 대하는 태도, 그 태도의 평균치를 '관계의 디폴트'라고 정의한다. 당신과 나를 대하는 지구별 사람들의 평균적인 태도는 어떠한가? 바로 '무관심'이다. 그러므로 인간관계의 디폴트(기본값)는 '무관심'이다. 무관심은 표면적인 관계에서 가장 기본적인 태도라 할 수 있다. 왜냐하면 우리가 특별하고 대단한 존재가 아니어서이다. 냉정한 말로 들릴지 몰라도 이것이 진실이다.

자, 한번 생각해보라. 당신은 깊은 관계가 아닌, 표면적인 관계를 맺고 있는 주변 사람들에게 항상 호의적이고 따뜻한 관심을 기울이는 편인가? 당신과 같은 공간에서 숨을 쉬고 있는 그 사람이 능력이 뛰어나거나, 매력적인 외모를 가졌거나, 굉장히 유명하거나, 어릴 적 우상이거나, 자신의 이상형이 아닌 이상 웬만하면 특별한 관심을 가지지 않을 것이다. 마찬가지로 다른 사람들의 눈에 비친 당신도 딱히 관심의 대상이 아닐 확률이 높다. 그런데 몇몇 사람들은 자신을 꽤 잘난 사람이라고 착각한 나머지, 관계의 기본값을 높게 설정해놓는다. 기본값이 높아지면 주변 사람들에게 더 큰 관심을 기대하게 되는데, 사람들은 그들의 생각만큼 관심을 가져주지 않는다. 결국 기대가 컸던 만큼 실망도 커지고, 남들이 알아주지 않는 것에 노여워하며 애꿎은 세상만 원망하게 된다.

만약 당신이 이렇게 생각하고 노여워한 적 있는 사람이라면, 이제는 기존의 생각을 바꿔야 할 때다. 사람들이 당신을 알아주지 않는 이유는 철저하게 '관계의 디폴트'가 작용하기 때문이다. 디폴트는 무관심이다. 무관심이 기본값인 이유는 당신이 그렇게 대단한 사람이 아니어서이다.

당신은 그저 한낱 소인배에 불과하다. 물론 나도 마찬가지다. 기분이 나쁜가? 그래도 어쩔 수 없다. 이 사실을 인정하지 못하면 계속해서 남들이 자신을 알아주지 않는다고 불평하고 화낼 것이 뻔하다.

제법 많은 사람이 관계의 디폴트를 높게 측정하는 오류를 범한다. 이것은 자기 자신을 뛰어난 존재로 착각하고, 스스로 평범한 소인배임을 인정하지 못하는 것과 일맥상통한다. 누군가는 자본주의 미소와 거짓 친절을 자신에 대한 호의로 여기며 흡족해하기도 하는데, 매우 안타까운 일이 아닐 수 없다. 진짜 호의와 객관적인 관심을 받고 싶다면, 진짜 매력적인 사람이 되거나 무언가 실질적인 발전을 이뤄내야 한다. 그렇지 않다면, 아무런 노력 없이 혼자서 정신승리만 하고 있는 셈이다.

우리는 이래서는 안 된다. 먼저 스스로를 객관적으로 판단해야 당신에 대한 사람들의 태도·관심·시선을 객관적으로 판단할 수 있다. 당신과 표면적인 관계를 맺고 있는 사람들이 당신을 대하는 태도의 기본값을 언제나 '무관심'에 둔다는 것을 기억하라. 무관심을 관심으로 바꾸는 것은 오로지 당신의 역량에 달려있다. 역량도 안 되면서 자꾸만 자신을 알아주길 바라고, 또 알아주지 않는다고 노여워해서는 곤란하다.

그렇다면 나에게 무관심한 사람들에게 노여워하지 않으면서, 나만의 역량을 키우려면 어떤 자세를 취하는 것이 현명한 방법일까? 일단, 관계의 디폴트는 언제나 '무관심'이라는 것을 인정해야 한다. 나 같은 사람은 지극히 평범하고 흔하디흔한 사람이라는 것을 인정해야 한다. 나 자신이 남다르지 않고, 비범하지 않고, 특별하지 않은 사람이기에 주변 사람들이 나를 알아주지 않는 것은 당연하다. 그러므로 내가 관심을 받지 못한다고 해서 노여워할 이유가 없다. 그럼에도 불구하고 내면 깊은 곳으로부터 노여움이 차오른다면, 사람들에게 당신이 남들과 '한 끗 다른' 사람이라는 것을 말이 아닌 행동으로 증명해 보여라. 이를 증명해낸 사람은 주위의 관심과 인정 그리고 박수를 받을 수밖에 없다.

그다음은 남들이 나를 알아주든지 말든지 그냥 꾸준히 내 할 일에 집중하는 것이다. 당신이 평범한 보통사람들을 알아주지 않듯이, 사람들도 평범한 당신을 알아주지 않으니 퉁치는(?) 셈이다. 여기서 한 발짝 나아가는 사람은 그저 묵묵히 자기 할 일에 집중하는 사람이다. 누군가 나를 알아주는 것에 신경 쓸 시간에, 자신의 발전을 꾀하는 것이다. 자신의 일을 꾸준히, 아주 진득하게 지속해나가라. 그러다 보면 당신의 꾸준함에 깃든 '가치'를 알아봐 주는 사람이 나타날지도 모른다.

그리고 마지막으로, 공자의 말을 기억하는 것이 좋을 것이다. 첫 문단에서 논어의 학이편 1장을 살펴봤다면, 이번에는 같은 편의 16장을 주목하자. 공자는 남들이 나를 알아주지 않는 것에 대한 해답을 학이편의 맨 마지막 장인 16장에서 말하고 있다.

子曰(자왈), 不患人之不己知(불환인지부기지) 患不知人也(환부지인야).

"공자께서 말하기를, 남들이 나를 알지 못한다 하여 근심하지 말고 내가 남들을 알지 못하는 것을 근심해야 한다."

누구나 처음부터 대단한 사람이 아니기 때문에 어제보다 더 나은 사람, 스스로 기대하는 멋진 사람이 되기 위해서는 우리를 가르쳐줄 스승을 찾도록 노력해야 한다. 그리고 참된 스승을 만났을 때 그에게 배우고자 하는 자세가 필요하다. 공자의 말처럼 누가 나를 알아주지 못하는 것에 대해 노여워하지 말고, 내가 마땅히 배워야 할 사람을 알아보지 못할

까를 걱정해야 한다. 이것이 참된 군자의 태도라 할 수 있다.

그럼 이제 자신에게 물어보라. 당신은 남들을 바라보는 시각에 있어서 군자인가, 소인배인가? 비록 현재는 소인배일지라도, 관계의 디폴트를 인지하고 끊임없이 발전하여 군자의 태도를 갖춘 사람이 되길 바란다. 군자의 태도는 누가 봐도 멋이 있다. 멋진 태도는 멋진 인간관계의 출발점임을 잊지 말라.

12

친해지려고
노력하지 마라

"누구에게나 친구는 어느 누구에게도 친구가 아니다."
-아리스토텔레스(철학자)-

잠시 책을 내려놓고 당신의 학창시절을 떠올려보라. 지금까지 당신과 좋은 관계를 이어온 친구와는 어떻게 친해졌는가? 그리고 그 친구와 친해질 수 있었던 계기는 무엇인가? 또, 당신은 그 친구와 친해지기 위해서 얼마나 노력을 기울였는가? 아마 대부분은 그 친구와 어떻게 친해졌는지에 대한 기억이 흐릿할 것이다. 그와 친구가 되기까지 특별한 노력을 기울이거나 하지도 않았을 것이다. 잘 한번 생각해보라. 그저 어쩌다 보니 또는 코드가 맞아서 자연스럽게 친해지지 않았는가? 나 또한 마찬가지다. 현재까지 좋은 관계를 맺고 있는 벗들과 구체적으로 어떻게 친해졌는지 기억이 가물가물하다. 그러나 한 가지 확실한 점은, 서로의 코드가 맞았고 나도 모르는 사이, 어느새 그들과 자연스럽게 친해졌다는 점이다. 그렇다. '코드(code)'. 우리는 이미 수월한 인간관계에 대한 힌트를 가지고 있다.

우리는 흔히 누군가와 대화가 잘 통할 때, "코드가 맞다"라고 표현한다. 나는 사람마다 자기만의 고유한 대인관계코드가 있다고 믿는다. 그리고 그것을 '소셜코드(social code)'라고 부른다(소셜코드는 보통 '사회규범'이라는 뜻으로 쓰이지만, 여기서는 다른 의미로 활용하고자 한다). 소셜코드는 눈에 보이지 않는다. 그렇기 때문에 누가 어떠한 코드를 가지고 있는지, 또 그 코드가 나와 맞는지 안 맞는지는 직접 만나서 대화를 나눠보지 않는 이상 판단할 수 없다. 하지만 이것이 어떤 개념인지는 다들 조금은 알고 있을 것이다.

사람들은 보통 자신과 비슷한 코드를 가진 사람에게 친근함을 느끼며 좀 더 쉽게 어울리는 경향이 있다. 이 현상을 설명할 수 있는 것이 바로 '소셜코드 원칙'이다. 어렵게 생각할 것은 없다. 유유상종과 같은 말이라고 보면 된다. '코드가 비슷한 사람들끼리 만나서 어울린다'가 소셜코드 원칙인 것이다.

그런데 오히려 "반대가 끌린다"고 말하는 사람이 있다. 이것은 어떻게 설명할 수 있을까? 겉으로는 전혀 다른 성향을 가진 두 사람이 잘 어울릴 수 있는 이유는, 그들도 서로만의 소통 가능한 소셜코드를 지녔기 때문이다. 여하튼 내가 말하고자 하는 요지는, 나와 통하는 사람을 만날 때 우리의 인간관계가 좀 더 윤택해지고, 풍요로워지며, 지속 가능할 확률이 높다는 것이다.

종종 사람들이 소셜코드 원칙을 위배한 채, 자신과 맞지 않는 사람과 억지로 친해지려고 노력하다가, 끝에 가서는 상처만 남는 경우를 보곤 한다. 나 또한 그런 경험이 있다. 중학교 시절, 같은 반에 굉장히 인기 많고 잘나가는 W라는 친구가 있었다. W는 특유의 유머감각으로 선생님과 같은 반 친구들을 매번 폭소케 하는 녀석이었다. 사람을 끌어당기는 묘한 매력이 있어서 그런지, W를 따르는 친구들이 많았다. W는 항상 어울려 다니는 무리가 있었는데, 나도 그와 친해져서 그 무리에 들어가고 싶었다. 그래서 먼저 말도 걸어보고, 점심시간마다 축구에 끼워달라고 하는 등 나름대로 이것저것 시도해보았다. 각고의 노력(?)을 기울인 끝에, 마침내 W와 함께 급식을 먹게 되었다. 녀석이 나와 함께 밥을 먹자고 한 것이다. 하지만 이후에는 아무리 노력을 기울여도 그 이상 친해질 수 없었다. 알 수 없는 어색함과 불편함이 우리 사이를 감싸고 있었다. W도 그것을 느끼는 듯했다. 관계는 점점 소원해졌고, 우리는 결국 친한 친구가 되지 못했다. 시간이 흘러 고등학교, 대학교에 가서도 이런 일이 반복되었다.

결론부터 말하자면, 내가 친하게 지내고자 노력했던 관계들은 모두 '망'했다. 그래도 노력이란 것을 했기에 어느 정도까지는 친해질 수 있었지만, 그 관계를 오래 유지하지는 못했다. 신기한 사실은 지금까지 잘 이어지고 있는 관계에는 억지 노력을 기울이지 않았다는 점이다. 왜일까? 현재까지도 잘 만나고 있는 나의 친구들은, 개개인의 성향은 달라도 모두 일맥상통한 소셜코드를 가지고 있기 때문이다.

이 경험으로 인해 깨달은 점 2가지를 말해주겠다. 첫 번째는 내가 그리 대중적인 소셜코드를 가지고 있지 않다는 점이다. 주로 활발하며 사교성이 좋고, 주류에 속하는 '인싸' 기질을 가진 친구들은 전반적으로 나와 맞지 않았다(물론 가끔 예외도 있었다). 반면 진중하고 약간 소심하면서도 마음이 여린 친구들, 또 비주류에 속한 사람들은 나와 잘 맞는 경우가 많았다.

두 번째는 소셜코드 원칙이 지켜진 관계는 그렇지 않은 관계보다 훨씬 우호적이며, 오래간다는 점이다. 이 사실을 알게 된 후, 인간관계로 인해 스트레스를 받는 일이 현저히 줄어들었다. 나와 맞지 않는 사람과 구태여 잘 지내려 노력하지 않게 된 것이다. 노력을 하든지 하지 않든지, 친해질 사람과 멀어질 사람은 '소셜코드 원칙'에 의해 자연스럽게 구별되었다.

당신이 만약 누군가와 친해지고 싶은데 도저히 친해지지 못해 전전긍긍하고 있다면, 소셜코드 원칙을 어기고 있는 것이다. 당신이 그 친구와 친하게 지내지 못하는 것은 결코 당신 탓이 아니다. 단지 그와 코드가 맞지 않을 뿐이다. 그런데 친구가 없어서 외롭다고? 남들과 잘 어울리지 못한다고? 자신이 문제가 있는 사람인 것 같다고? 결코 그렇지 않다. 아직 당신과 소셜코드가 맞는 사람을 만나지 못했을 뿐이다. 당신과 좋은 관계를 맺을 수 있는 사람들이 이 세상에 얼마나 많은지, 당신은 아직 모르고 있다.

성격에 문제가 있다느니, 사회성이 떨어진다느니 따위의 말들은 모두 당신과 코드가 맞지 않는 사람들이 당신에게 주입한 '의견'에 불과하다. 단언컨대, 타인에게 피해를 주는 것이 아니라면, 당신의 성격은 단 1도 문제가 없다. 소셜코드가 맞지 않은 사람들에게는 "넌 성격이 이상해", "사람이 왜 그러냐?" 따위의 부정적인 소리를 들을 수밖에 없다. 그들이 당신과 코드가 맞지 않기 때문이다. 이 당연한 사실을 받아들이지 못하는 사람들이 의외로 많다는 것을 아는가?

사람들은 종종 이렇게 당연한 사실을 확대해석하여 남들의 의견을 곧 이곧대로 받아들이는 실수를 범하곤 한다. 자신의 성격이나 성향, 유전자 등을 탓하며 스스로를 외톨이 혹은 사회 부적응자로 여기며, 심지어는 시대를 잘못 타고났다고까지 생각하는 사람도 존재한다. 정말 안타까운 현실이다. 만약 당신이 그렇게 생각하고 있는 사람이라면, 당장 그 잘못된 사고방식을 집어 던져버려라. 그것은 당신의 뇌가 옳다고 믿는 '상대적인 의견'일 뿐, '절대적인 사실'이 아니다.

너무 많은 사람이 소셜코드 원칙을 어긴 채, 자신에게 문제가 있는 것은 아닐까 노심초사하며, 의미 없는 인간관계 속에서 허우적대고 있다. 나도 겪어봤기에 그런 마음 상태로 관계를 유지하는 것이 얼마나 어려운지 잘 안다. 그래서 당신이 얼마나 힘들어하는지 짐작이 가고도 남는다. 하지만 나는 이 사실이 굉장히 마음에 들지 않는다. 왜 당신과 맞지 않는 사람과 친해지기 위해 또는 관계를 유지하기 위해 쓸데없는 노력을 하고 감정낭비를 하는 것인가? 그냥 좋게 넘어가고 싶어서? 모두와 잘 지내고 싶어서? 적을 만들지 않기 위해서? 물론 나와 맞지 않은 관계라도 잘 지내서 나쁠 것은 없다. 하지만 그 관계가 지속되어 자꾸만 당신이 마음을 쓰게 된다면? 자기도 모르게 감정낭비를 하고 있다면? 미안한 말이지만 그 관계는 '해로운 관계'다. 그 상태가 지속되면 '관계'로 악화될 가능성이 높다. 혹시 내 말이 너무 냉정하다고 생각되는가? 그렇다면, 다음 내용을 한번 읽어보길 바란다.

친구들과 사이좋게 지내라? 저는 이거 진짜 썩은 말인 것 같아요. 세상에 좋은 사람들 많은데. 안 맞는 친구랑 사이좋게 지낼 필요가 없어요. 자기가 안 맞는 사람 있죠? '연을 끊어라' 이런 얘길 해주고 싶어요.

-김숙(방송인)

방송인 김숙 씨는 한 예능프로그램에서 우리가 어떻게 관계를 맺고 살아가야 하는지에 대한 지혜와 통찰을 들려주었다. 세상은 넓고 인구는 많다. 약 77억 명의 인구는 77억여 가지의 코드가 존재함을 의미한다. 코드가 안 맞는 사람 때문에 괴로워할 이유가 없는 것이다. 당신을 힘들게 하는 그 사람은 더 이상 논할 가치조차 없다.

단도직입적으로 말하겠다. 당신과 맞지 않는 사람들과 억지로 친해지기 위해 노력하지 마라. 엉뚱한 데에 힘 빼지 말라는 뜻이다. 당신과 비슷한 소셜코드를 가진 사람 중에서, 당신에게 진실한 모습을 보여주는 사람과 인간적인 관계를 맺어라. 그렇게 맺은 관계를 오랫동안 유지하고 싶을 때, 그때에야 비로소 당신의 노력이 빛을 발할 것이다. 그 과정에서 중요한 것은 '자연스러움'이다. 친해지는 과정이 부자연스럽다면, 그 관계는 끝이 좋지 못할 확률이 높다.

현재 당신이 소속된 집단에서 지속적으로 불편함과 외로움을 느끼고 있다면, 그 집단의 소셜코드가 당신과 맞지 않다는 의미다. 물론, 비즈니스 관계라면 반드시 코드가 맞을 필요는 없다. 서로 같은 목표를 향해 나아가야 하는 상황이라면, 코드가 맞지 않아도 경우에 따라서 윈윈 (win-win) 관계를 만들어나갈 수 있기 때문이다. 생존과 관련된 사람들과 코드까지 맞으면 더할 나위 없는 축복이겠지만, 항상 그런 사람과 같이 일할 수는 없는 노릇 아닌가. 아니, 오히려 코드가 맞으면 위험할 수도 있다. 무엇보다 냉철하고 정확한 손익계산을 해야 하는 것이 비즈니스인데, 코드가 맞는다는 이유로 혹은 정 때문에 마음이 약해져 일을 그르칠 수도 있기 때문이다. 친구끼리 동업을 하다가 관계가 깨지는 경우가 많은 이유가 바로 이것이다.

비즈니스 관계는 '나쁘지 않을 정도'만 되어도 충분하다. 현재 상태가 '나쁘지 않다'는 것은 상대방과 나의 태도에 따라 언제든지 좋은 관계로 발전할 수 있음을 의미한다. 좋은 관계로의 발전은 일단 '나쁘지 않은 관계'에서 시작되는 것이다. 상대방이 성격파탄자가 아닌 이상, 당신이 기본적인 배려와 에티켓을 지켜준다면 충분히 나쁘지 않은 관계를 이어갈 수 있다. 그러나 비즈니스 관계가 아닌 인생을 살아가는 데 반드시 필요한 '인간적인 관계'라면, 나쁘지 않은 정도로는 부족하다. 깊은 정서적 교감을 나누는 관계를 원한다면, 반드시 소셜코드가 맞는 사람들과 사귀도록 하라. 그렇지 않으면 막대한 감정소모를 겪게 될 것이다.

저 사람과 나의 소셜코드가 맞는지 안 맞는지 어떻게 알 수 있을까? 방법은 의외로 쉽다. 매번 당신의 마음을 헷갈리게 하는 사람, 혼란스럽게 하는 사람, 불편하게 만드는 사람은 믿고 거르면 된다. 그 사람이 나빠서라기보다는 그냥 당신과 맞지 않는 사람이다. 그와 소셜코드가 비슷한 사람들은 서로 문제없이 잘 어울릴 것이다.

반면에 말 한마디 하지 않고 있어도 어색하지 않은 사람, 만날 때마다 나 자신이 꽤 괜찮은 사람이라는 생각이 들게 해주는 사람(=자존감을 높여 주는 사람), 대화가 잘 통하고 함께 있을 때 편안한 사람, 특별한 조건

없이 나의 말을 경청해주고 진심 어린 리액션을 해주는 사람은 당신과 소셜코드가 맞을 확률이 높다. 물론 초면에 잠깐이 아닌 지속적으로 이어지는 경우에 말이다.

사람을 많이 만나다 보면, 이 사람이 나와 맞는 사람인지 아닌지 판단할 수 있는 '감'이 생긴다. 나는 이 '감'을 열심히 훈련한 덕분에, 처음 만나는 사람도 말 몇 마디 섞어보면 그 사람의 소셜코드를 곧잘 파악해낸다. 다양한 집단의 다양한 사람들을 최대한 많이 만나보라. 혹시 아는가? 그 과정에서 당신의 소울메이트를 발견하게 될지.

13

사람과 일,
일과 사람

"평생 다른 사람 밑에서 지루한 표정으로 하루하루를 보내다간 인생이 망가져."
-우노 다카시(기업가)-

　미국의 영향력 있는 저술가, 마크 맨슨의 저서 《신경 끄기의 기술》에
는 전설의 괴짜 소설가 찰스 부코스키(Charles Bukowski)의 이야기가 나
온다. 찰스는 무자비할 정도로 망가진 인생을 살았던 인물이다. 그는 문
학자를 꿈꾸는 평범한 직장인이었다. 하지만 아무도 그가 쓴 소설과 시
를 알아주지 않았다. 그래서였는지, 그는 직장에서 받은 월급을 값싼 쾌
락에 탕진하며 허송세월했다.

　그러던 어느 날, 한 출판사의 편집자가 그를 눈여겨보기 시작한다. 그
의 재능을 알아본 편집자는 자신의 출판사에서 작품을 내보지 않겠느냐
고 제안한다. 찰스는 그 편집자에게 이렇게 답했다고 한다. "둘 중 하나
를 선택해야겠군요. 이곳에 남아서 돌아버리거나, 나가서 작가 놀이를

하며 굶거나. 전 굶기로 했습니다."

현실적으로 봤을 때, 안정적인 직장을 포기한 그의 선택은 옳지 않아 보인다. 특히, 굶기를 선택한다는 말은 완전히 정신 나간 미친 소리로밖에 들리지 않는다. 한데, 그곳에 남으면 돌아버릴지도 모른다는 그의 말이 와 닿는 건 왜일까. 상식이 비상식이 되고 비상식이 상식이 되는 요즘 세상에서, 찰스 부코스키의 말은 한 번쯤 곱씹어볼 만한 가치가 있다고 생각한다.

인간관계를 논할 때 절대 빼놓을 수 없는 요소가 바로 '일'이다. 우리는 일을 통해 사람을 만나고 사람을 통해 일을 만난다. 그만큼 일과 사람 간의 관계는 굉장히 밀접하다. 만약 당신이 하는 일에 대한 만족도가 높고, 일로 만난 사람들과의 관계가 좋다면 당신은 그 일을 지속할 것이다. 반면 일에 대한 만족도가 낮고, 같이 일하는 사람들과 사이가 좋지 않다면 결국 일을 그만둘 것이다. 일은 우리 일생의 대부분을 차지한다. 일터에서 만난 사람들과의 관계 그리고 내가 하는 일에 대한 자부심과 만족감은 우리의 행복을 좌우하는, 너무나도 중요한 요소다.

일 그리고 관계. 이 두 마리 토끼를 모두 잡는다는 것은 참으로 어려운 일이다. 세상일이라는 게 그렇지 않은가? 수학 공식처럼 딱딱 맞아떨어지는 경우는 거의 없다. 항상 생각지도 못한 변수가 우리의 인생을 복잡하게 만든다. 어느 정도 만족할만한 일을 찾았는데 거기서 만난 사람들과 도저히 친해지지 않는다든가, 사람들은 너무 좋은데 내가 하는 일이 적성에 맞지 않아 인생이 고달프게 느껴지든가 하는 식으로 말이다. 어차피 모든 걸 가질 수 없으니 한쪽은 포기해야 하는 것 아니냐고?

글쎄, 내 생각은 다르다.

우리가 이 세상을 떠나는 날, 눈을 감으며 "그래도 꽤 괜찮은 인생이었다"라고 말할 수 있으려면, 일과 인간관계 '둘 다' 갖기 위해 최선을 다해야 한다. 정말 솔직하게 자신에게 물어보라. 당신은 진심으로 '둘 다' 갖기 위해 최선을 다했는가? 어쩌다 보니 나이를 먹고 냉혹한 사회 시스템에 내던져져, 먹고 살기 위해 어쩔 수 없이 '주어진 일'에만 매달리진 않았는가? 물론 한 마리 토끼(일)를 잡기에도 벅찬 세상이라는 걸 안다. 두 마리를 다 잡는다는 건 얼마나 어려운 일인지 가늠조차 안 된다. 하지만 이 또한 생각하기 나름이다. 나는 오히려 '불가능한 일'이 아닌, '어려운 일'이라서 다행이라고 생각한다. 힘들고 어려운 만큼, 그것을 해냈을 때 더 큰 가치가 우리를 기다리고 있음을 확신하기 때문이다. 부디 자신에게 솔직해져라. 당신은 내면 깊은 곳으로부터 지금보다 더 나은 일, 더 나은 관계와 함께 더 나은 삶을 살길 간절히 바라고 있다.

당신은 "모두가 그런 삶을 원하지만, 모두가 그렇게 살 수 있는 건 아니잖아요"라고 말할지도 모른다. 너무나도 안타까운 말이다. 당신이 언제부터 '모두'를 생각했는가? 당신이 그렇게 이타적인 사람인가? 식사할 때마다 굶고 있는 누군가가 생각나서 밥이 목구멍으로 잘 넘어가지 않는 사람인가? 잠을 잘 때마다 집 없는 사람들이 신경 쓰여 마음이 편치 않은 사람인가? 제발 자신에게 솔직해져라. 어차피 모두가 변화하는 것은 불가능하다. 그리고 나는 '모두'가 아닌 '당신'에 대해 말하고 있다. 부디 이 순간만큼은 당신 자신에게 집중하길 바란다. 모두가 그런 삶을 살 순 없지만, 적어도 당신은 그런 삶을 살 수 있을지 누가 아는가?

도대체 언제까지 진심으로 원하지 않았던 일에 찌들고, 의미 없는 인간관계에 치이면서 불행한 삶을 살 것인가? 훗날 자신에게 가치와 의미를 가져다주는 일을 하려면, 지금 당장은 하고 싶지 않은 일을 해야 할 수도 있다. 그런데 현재 당신이 어쩔 수 없이 해야 하는 그 일이, '일시적'으로 하고 있는 것이 맞는가? 당신의 일은 미래가 있어야 한다. 3년, 5년, 10년이 지났을 때 미래가 없는 일이라면, 지금부터 '나만의 일'을 찾기 위해 전력을 기울여라. 그렇지 않으면 시간에 의해 처참히 짓밟힌 꿈과 난도질당한 희망, 황량한 사막 한가운데 썩어버린 나무와 같은 자신의 모습을 발견하게 될지도 모른다.

경각심을 불러일으키기 위해 섬뜩한 비유를 든 점 부디 이해해주길 바란다. 길거리를 나가보면 10명 중 8명은 표정이 썩 좋지 않다. 그들의 표정은 한눈에 봐도 우울해 보이고, 어두워 보이고, 무언가 근심이 있어 보인다. 눈을 씻고 찾아봐도 은은한 미소를 띠고 있는 사람, 긍정적인 아우라를 뿜어내는 사람, 누가 봐도 자신이 하는 일을 사랑하고 있다고 느껴지는, 강렬하고 매력적인 사람의 모습은 잘 보이지 않는다. 대부분 원치 않는 일과 삶에 찌들어 있다는 증거다.

피자가 먹고 싶어서 동네에 있는 유명 프랜차이즈 피자집에 들른 적이 있다. 피자를 주문하기 위해 벨을 눌렀는데, 주방에서 피자를 만들다 나온 사장님의 표정이 심상치 않았다. 뭐랄까, 누가 봐도 '일하기 싫어 죽겠는 표정'이었다. 그의 부정적 에너지가 손님으로 온 나에게까지 고스란히 전해져, 주문하려고 말을 거는 것조차 미안할 지경이었다. 그래도 여기까지 왔는데, 피자는 먹고 싶어서 재빨리 결제한 후 옆에 있던 의자에 앉아 차분히 기다렸다. 몇십 분 뒤 사장님은 좀비같이 걸어 나와서, 나라 잃은 표정으로 마지못해 "맛있게 드세요"라고 말하며 어수룩하게 포장된 피자를 건네주었다. 피자는 그럭저럭 먹을 만했지만, 왠지 기분이 꺼림칙했다.

이날 이후, 나는 두 번 다시 그곳에 가지 않는다. 피자를 만드는 일에 자부심을 가지고 손님을 반갑게 맞이해주며 활기찬 에너지를 주는 가게들도 많은데, 왜 굳이 부정적인 기분을 느끼러 그곳을 또 찾아간단 말인가? 장사에 대해 잘 알지 못하지만, 내가 사장이라면 절대 손님들에게 그런 모습을 함부로 보여주지 않을 것이다. 피자집 사장님이 그런 모습을 보인 이유는 둘 중 하나다. 같이 일하는 사람들과 사이가 썩 좋지 않거나, 자신이 하는 일을 사랑하지 않거나. 아니면 둘 다라서 그렇게 최악의 표정을 지은 것일지도 모르겠다. 미안하다. 좋은 것을 '둘 다' 갖추라고 말했는데, 안 좋은 것만 '둘 다' 갖춘 사람의 예시를 들고 말았다. 당신이 아직 학생이거나 가능성이 무궁무진한 젊은 나이의 청년이라면, 이런 어른들처럼 되지 않도록 조심해야 할 것이다.

지금부터 2가지 중 하나를 선택해야 할 때, 자신에게 더 근본적인 질문을 하라. "둘 다 가질 수 있는 방법이 무얼까?" 이 질문이 당신의 인생을 바꿀 것이다.

-하브 에커《백만장자 시크릿》

인생에 정답은 없지만, 정도는 있다. 일에 대하여, 인간관계에 대하여, 이 둘을 포함한 인생에 대하여 올바른 길이 무엇이냐고 묻는다면, 나의 확고한 생각을 다시 한번 말해주겠다. 삶의 끝자락에서 가치 있는 인생을 살았노라고 말할 수 있으려면, 자부심을 가질 수 있는 유의미한 일을 찾고 그 일과 관련된 사람들과 고무적인 관계를 유지해야 한다. 즉 '둘 다' 갖기 위해 최선을 다해야 한다.

일이란 그 사람의 정체성이다. "그 사람은 누구인가요?"라는 말은 "그 사람은 무슨 일을 하는 사람인가요?"와 같은 말이다. 그렇게 중요한 일을 꾸준히, 오랫동안 해나가기 위해서 반드시 뒷받침되어야 하는 것이 바로, 함께 일하는 사람들과의 고무적인 관계다. 일로 만난 사이가 고무적이라면, 그들과 함께 일하는 나 자신도 고무되는 것은 당연한 일이다. 그러나 같이 일하는 사람들과의 사이가 껄끄럽거나 부자연스럽다면, 똑같은 일을 한다고 하더라도 힘이 빠질 수밖에 없다. 인간은 환경의 지배를 받기 때문이다.

사람들은 흔히 일로 만난 사이를 비즈니스 관계라고 말한다. 앞장에서 비즈니스 관계는 '나쁘지 않을 정도'면 충분하다고 했다. 그러나 이것은 일의 초중반 또는 특정 목표를 달성하기 위해 꾸려진 중장기적 프로젝트와 같은 '끝맺음'이 있는 일일 때를 한정하여 말한 것일 뿐이다. 만약 당신이 평생 몸담아야 하는 일, 진심으로 사랑하는 일에서의 관계라면 이야기가 달라진다. 이 경우에는 그저 나쁘지 않은 상태에만 머물러 있어서는 안 된다.

개인적으로 저는 '적당히 좋은' 관계에는 관심이 없습니다. 서로에게 최선의 도움이 되는 관계에만 관심이 있지요.

-엠제이 드마코 《부의 추월차선》

요즘은 평생직장이라는 개념이 다소 퇴색하긴 했지만, 여전히 한 직장에 오랫동안 몸담고 사는 사람들도 많다. 가족보다 더 많은 시간을 함께 보내는 동료들과의 사이가 그저 '나쁘지 않기'만 하다면, 인생이 뭔가 허전하고 삭막하지 않을까? 물론 그런 표면적인 관계만 잘 유지하며 딱히 큰 문제 없이 일하는 사람들도 있겠지만, 나라면 그러지 못할 것 같다. 정이 많고 인간적인 친밀함을 중시하는 사람들은 냉혹하고 치열한 일터에서조차 정서적인 관계를 원한다. 문제는 이들이 그런 관계를 맺지 못하면, 한 직장에 자리 잡고 진득하게 일을 이어가기 쉽지 않다는 것이다(내가 이러한 사람에 속하는데, 경험상 사회에서는 이런 사람들을 별로 좋아하지 않는 것 같다). 게다가 시베리아 북부 툰드라지대를 뺨칠 만큼 황량하고 차가운 이 사회에서, 끈끈하고 정서적인 관계를 만들기란 얼마나 어려운 일인지.

이 사회는 친근함, 정, 따뜻함을 가진 사람보다 사사로운 감정에 휘둘리지 않고 언제나 맡은 바 업무에 충실하며, 일 처리를 칼같이 똑 부러지게 해내는 사람을 좋아한다. 대기업이든 중소기업이든 간에, 그런 사람들이 많으면 많을수록 회사에 '이득'이 되기 때문이다. 지금도 대다수가 그런 사람이 되기 위해 스스로 채찍질해가며 노력하고 있다. 나 또한 그렇게 살아보려 애썼다. 그런데 아무리 애를 써도 사회가 원하는 인재상이 되기엔 역부족이란 것을 실감했다. 또, 세상(일과 사람)에 나를 끼워 맞추려 할수록, 내 영혼이 점점 사라지는 느낌을 받았다. 그래서 나는 한때, 로봇이 됐으면 좋겠다고 생각한 적이 있다. 로봇이 되면 감정을 느낄 수 없으므로, 인간관계에 어떠한 스트레스도 받지 않고 주어진 일을 뚝딱 처리해낼 수 있기 때문이다. 하지만 그게 어디 가당키나 한 일인가. 일을 칼같이 해내는 건 어느 정도 노력으로 가능했으나, 인간관계에서 생기는 부정적 감정에는 휘둘리지 않을 수 없었다. 누군가와 사소한 트러블이라도 생기면, 온종일 신경 쓰는 뒤끝 많은 성격 탓이었다 (그래서 나는 뒤끝 없고 쿨한 사람들이 너무 부러웠다). 한 번 부정적인 감정을 느끼고 나면, 그날을 포함한 며칠간은 속수무책이었다.

'도저히 안 되겠군. 이런 성격으론 험난한 세상을 살아갈 자신이 없어.' 나는 스스로 사회 부적응자라고 믿었다. 이런 생각은 날이 갈수록 발전했다. 어떤 일을 하든 쉽게 포기했고, 멘탈은 수도 없이 무너졌다. (그때는 철저히 옳다고 믿었던) 이 잘못된 믿음을 없애버릴 유일한 방법은, 내가 어떠한 집단에 들어가 새로운 관계를 맺고 일할 때 행복을 느낄 수 있음을 스스로 증명해내는 것이었다.

그런데 세상에 나가보니 나와 비슷한 감정을 느끼고, 비슷한 생각을 하는 사람들이 정말 많았다. 나뿐만 아니라, 정말 많은 사람이 일과 인간관계로 힘들어하고 있었다. '다 그렇게 사니까', '원래 인생이란 그런 거니까', '어쩔 수 없으니까' 아무런 내색 없이 모두가 참고 버티며 사는 것이었다. 세상은 순진했던 내 생각과 기대와는 정반대로 흘러가고 있었다.

무언가 잘못되었다고 느꼈다. 어쩌면, 우리나라의 높은 자살률도 사회에 만연해 있는 이러한 낡은 인식에 지대한 영향을 받은 것일지도 모른다고 생각했다. 한 가지 확실한 점은 우리가 정신을 바짝 차리고 마음을 단단히 먹지 않으면, 사회가 우리를 눈 깜짝할 새 작은 사람으로 만들어버린다는 것이다. 몇 년간 고생 고생하여 그토록 원하던 직장에 들어갔지만, 직장생활이 자신이 상상하던 것과는 완전 딴판이라는 것을 알게 된 후, 회의를 느껴 오래 지나지 않아 회사를 나온 사람들이 제법 있다. 이들은 주변으로부터 '부적응자' 취급을 받는다. 대부분은 그런 취급을 받기 두려워 혹은 생존을 위해 어쩔 수 없이 '존버'하며 참고 사는 경우가 많다(참고로 "존버는 승리한다"는 말은, 올바른 방향에 서 있을 때 적용되는 말이다. 잘못된 방향에서 '존버'할 경우, 당신의 영혼이 살해당할 수 있음을 주의하라). 그렇게 자신의 영혼이 죽어가는지도 모르고 끝끝내 버티다가 화병이 나거나, 극단적인 선택을 한다는 게 가장 큰 문제다.

내가 책을 쓴 결정적인 이유 중 하나가 바로 이것이다. 너무 많은 사람이 자신이 생각하는 것보다 훨씬 더 나은 삶을 살 수 있다는 것을 알지 못한 채, 그리고 자신이 진짜 행복하게 할 수 있는 일이 무엇인지 찾기 위한 제대로 된 노력도 하지 않은 채, 잠재력을 죽이고 현실에 맞춰 '어쩔 수 없이' 살아가고 있다. 나는 이들에게 말해주고 싶었다. 그렇게 살지 않아도 된다고. 아니, 더 이상 그렇게 살지 말라고.

'부적응자' 취급을 받으면서까지 자신이 열렬히 원하는 일을 찾기 위해 하던 일을 그만둔 사람들은 용기 있는 사람들이다. 버티는 것보다 그만두는 것이 더 큰 용기가 필요하다는 것을 사람들은 잘 모른다. 농담이 아니다. 그만두기 위해서는 지금까지 없었던 모든 용기를 끌어모아야 한다. 많은 사람이 오랫동안 해왔던 무언가를 그만두었을 때, 삶의 근간이 흔들릴 것이라 믿기 때문이다.

〈타임〉지 기자를 거쳐 세계적인 여행작가가 된 피코 아이어(Pico Iyer)는 '그만두는 것'에 대해 이렇게 말했다. "그것은 포기가 아니라 다음으로 넘어간다는 뜻이다. 뭔가가 당신을 수긍하지 않아서가 아니라 당신이 뭔가에 수긍할 수 없어 방향을 바꾸는 것이다. 불평불만이 아니라 긍정적인 선택이고 인생 여정의 종착역이 아니라 더 나은 방향으로 가는 걸음이다. 직장이든 습관이든, 그만둔다는 것은 꿈을 향한 방향으로 나아가기 위한 아름다운 선회다."

-팀 페리스 《타이탄의 도구들》

나는 만 퍼센트(10,000%)의 진심으로 그들을 응원한다. "내 일(my work)이 있어야, 내일(tomorrow)이 있다"는 말처럼, 그들은 진짜 살아있음을 느낄 수 있는 '내일'을 위해 '내 일'을 찾고 있다. 사람들과의 관계도 정말 중요하지만, 그 전에 가장 우선시되어야 하는 것이 바로 '내 일'을 찾는 것이다. 사람들과의 관계는 먼저 '내 일'을 찾고 난 뒤에 맞춰나가도 결코 늦지 않다. 나는 당신에게도 '내 일'을 찾으라고 말하고 싶다. 그러나 언제나 그렇듯이, 사람들은 핑계를 댈 것이다.

"그것은 불가능해요. 저는 능력이 없고 우리 집은 돈도 없는걸요."
"이게 제 일이에요. 왜냐하면, 저는 책임져야 할 게 많은 사람이거든요."
"다 참고 사니까 저도 주어진 일에 만족하면서 참고 살 수밖에요."

내가 이 세상을 살며 느낀 점 중에, 당신이 듣던 중 반가워할 만한 소식이 있다. 그것은 바로 '이 세상에는 문제보다 방법이 많다'는 것이다. 예를 들어, 묶여 있는 밧줄을 보라. 당신은 밧줄이 필요한데 지금 쓰고자 하는 밧줄은 단단히 매듭지어져 있다. 이때 사람들은 보통 매듭을 풀기 위해 안간힘을 쓴다. 오직 그것만이 단 하나의 방법이라고 생각하는 것이다. 그러다 매듭이 풀리지 않으면 결국 좌절하고 만다. 수많은 사람이 이러한 좌절에 빠져서 도통 어떻게 해야 할지 몰라 안절부절못한다.

그런데 조금만 다르게 생각해보면, 이 문제를 해결할 방법은 얼마든지 있다. 매듭을 느슨하게 만들 도구를 구하든지, 옆 친구에게 밧줄을 빌리든지, 돈을 모아서 새 밧줄을 사든지, 시간이 걸릴지언정 밧줄 만드는 방법을 배워 직접 밧줄을 만들든지. 방법은 얼마든지 있다. 문제는 하나지만 문제를 해결할 방법은 여러 개다. 당신이 처한 문제보다 그 문제를 풀 방법이 더 많다는 사실을 기억하길 바란다. 이 사실을 안다면 당신은 예전보다 더 나은 일을 찾고 더 나은 삶을 살 수 있다. "사랑하지 않으면 핑계를 대지만, 사랑하면 방법을 찾는다"는 말이 있다. 당신은 진심으로 자기 자신을 사랑하는가? 자신을 사랑한다면서 실제로는 자신의 영혼을 피폐하게 만들고 있지는 않은가? 진지하게 자문해보라. 당신이 스스로를 얼마나 사랑하고 아껴주고 있는지 말이다.

일본 요식업계의 아버지로 불리는 우노 다카시 선생의 말이 당신의 생각을 조금이라도 변화시키는 데 도움이 될지도 모르겠다. 그는 자신의 저서에서 이렇게 말했다.

우리 가게에서는 매년 대여섯 명의 점장이 '졸업'이란 걸 하고 나가서 독립해. 그런 애들은 대부분 가게 스태프를 한두 명씩 데리고 나가니까 솔직히 우리 입장에서는 좀 힘들긴 하지. 그래도 나는 그 애들을 붙잡지 않아. 그럴 생각조차도 안 하지. 요식업계에 발을 들여놓은 이상, 한 나라 한 성의 주인이 되지 않으면 그 삶이 즐거울 수 없다고 난 생각하거든. 평생 다른 사람 밑에서 지루한 표정으로 하루하루를 보내다간 인생이 망가져.

-우노 다카시 《장사의 신》

나는 비단 이 말이 '요식업계'에만 국한되지는 않는다고 생각한다. 어떤 일이든지 나 자신이 주체가 되고, 한 나라 한 성의 주인이 되어야 진짜 내 인생을 살 수 있지 않을까? 곧 서른에 접어드는 내 나이는 많다고 하면 많고, 적다고 하면 적은 나이다. 다양한 시도와 수많은 시행착오 끝에, 현재 나는 글 쓰는 일을 포함한 또 다른 내 일(my work)을 찾기 위해, 그리고 한 나라 한 성의 주인이 되기 위해 꾸준히 달려가고 있다. 첫 과정에 발을 들여놓기까지 결코 쉽지 않았지만, 쉽지 않았기에 더 큰 의미와 보람으로 다가온다는 사실을 알았다. 나의 강한 확신은 내 주변의 친구들 그리고 가족들을 고무시키기에 부족함이 없었다. 물론 여전히 부족한 점이 많지만, 예전보다는 확실히 제대로 '살아있음'을 맛보고 있다. 당신도 내가 느낀 것처럼, '살아있는' 느낌을 받을 수 있기를 바란다.

현재 당신이 하는 일이 당신의 영혼에 해가 되는지 득이 되는지 잘 생각해보라. 가장 무서운 건 지금 하는 일이 자신의 영혼을 갉아먹고 있다는 사실을 모른 채, '어쩔 수 없이' 그 일을 계속하는 상태다. 당신이 지금 하는 그 일이 어쩔 수 없이 하는 일인지, 아니면 진짜 '내 일'인지 구분할 수 있는 가장 확실한 방법을 가르쳐주겠다. 스스로에게 이렇게 질문해보라.

'지금 당장 통장에 100억이 꽂혀도, 오늘 그 일을 하러 갈 것인가?'

'YES'라는 대답이 나온다면, 당신은 일에서 그 무엇과도 바꿀 수 없는 삶의 의미를 발견한 사람이다. 다른 어떤 일보다도 가치 있고 보람된 진짜 '내 일'을 찾은 축복받은 사람이다. 반면에 'NO'라는 대답이 나왔다면, 말을 아끼도록 하겠다.

나는 우리가 하는 일이 우리의 영혼을 담당한다고 믿는다. 똑같은 일이라도, 그 일을 받아들이는 사람에 따라 영혼이 받는 영향력은 천차만별이다. 내가 기쁨을 느끼는 일을 선택한다면 내 영혼도 기쁨을 느끼고, 내가 괴로움을 느끼는 일을 한다면 내 영혼도 괴로움을 느낄 것이다. 당신과 나, 그리고 모든 사람이 '나의 일'을 찾는다는 것이 얼마나 중요한 일인지 다시금 되새겨볼 필요가 있다.

영국의 역사가이자 비평가, 토마스 칼라일(Thomas Carlyle)은 이렇게 말했다.

"자신의 일을 발견한 사람은 행복한 사람이다. 그에게는 인생의 목적이 있다."

'당신의 일'을 찾아라. 한 나라 한 성의 주인이 되어라. 당신은 이제 알고 있다. 나만의 견고한 성을 갖는 과정에 예상치 못한 문제가 발생하더라도, 그 문제의 가짓수보다 해결 방법의 가짓수가 훨씬 더 많다는 사실을.

14

약육강식,
약자를 괴롭히는 사람들

* 약육강식(弱肉強食): 약자의 고기는 강자의 먹이가 된다는 뜻으로,
강자가 약자를 지배하고 다스리는 것을 말한다.

1장의 '표리부동, 알 수 없는 사람의 마음'에서 못다 한 이야기를 이번 장에서 이어가고자 한다. 나는 언제부턴가 1학기보다는 2학기, 2학기 중에서도 12월에 대한 트라우마를 가지고 있었다. 1학기가 잘 모르는 상태에서 서로가 어떤 사람인지 파악하고 성향에 따라 자연스레 친해지는 그룹이 만들어지는 기간이라고 하면, 2학기는 이미 서로를 파악한 상태에서 단점이 하나둘 보이기 시작하고, 한 명씩 본색을 드러내는 기간이었다. 2학기 중에서도 겨울이 시작되는 12월은 차가운 날씨의 영향을 받아 사람들의 마음도 차가워져서 그런 건지 혹은 기분 탓으로 스스로 그렇게 느껴서 그런 건지, 서로가 서로에게 많은 상처를 입히는 가혹한 달로 인식되었다. 적어도 어린 날의 나는 그렇게 느꼈다. 그리고

이를 '겨울이론'이라고 불렀다. 징크스인지는 몰라도 초겨울, 특히 12월만 되면 반드시 나를 힘들게 하는 상황과 빌런이 나타났다. 그래서였을까. 학창시절의 나는 12월이 다가올 때마다 극도의 공포를 느꼈다.

2008년 12월, 이 한 달만 버텨내면 힘들었던 반장생활을 끝마칠 수 있었다. 그러나 세상은 호락호락하지 않았다. K와의 문제가 해결되었더니, 이번에는 빌런 O가 등장했다. O는 나를 힘들게 했던 K마저 "쟤 무서워"라고 할 정도로 상당히 벅찬 녀석이었다. O와는 어색한 사이라 1학기 때에는 서로 대화도 잘 하지 않았는데, 2학기에 접어들어 자연스레 대화의 빈도가 높아졌다. 내가 그에게 만만한 사람으로 비쳤던 것일까. 그는 사사건건 내 행동에 간섭하고, 시비를 걸고, 짓궂은 장난을 치며 나를 괴롭히기 시작했다. 녀석은 점심시간마다 다가와 능글맞게 웃으며 자기가 먹었던 바나나 껍질이나 각종 찌꺼기를 내 식판에다 던져 놓고 갔다. 나와 함께 밥을 먹던 다른 반 친구들은 "왜 가만히 있어? 너도 똑같이 그렇게 해"라며 나를 답답해했다. 그래서 한 번은 정말 큰맘 먹고 나름대로 용기를 내어 O에게 이야기했다. "참는 것도 한계가 있으니까 그만해." 그러자 O는 코웃음 치며 말했다. "네가 안 참으면 어쩔 건데? 날 이길 수 있어?"

나는 아무 말도 할 수 없었다. 싸움으로 도저히 녀석을 이길 자신이 없었기 때문이다. 그날 나는 집에 와서 주먹으로 벽을 쾅 치며 울음을 터뜨렸다. 용기도 없고 약해빠진 나 자신에 대한 분노를 그런 식으로밖에 풀 길이 없었던 것 같다. 아들의 어두운 표정을 목격한 어머니는 뭔가 이상하다는 것을 눈치채셨는지, 학교에서 무슨 일이 있었냐고 물어보셨다. 마음이 너무 힘들었던 나는 결국 모든 것을 실토했다. 어머니는 곧바로 학교 측에 전화를 걸어 O의 집 전화번호를 알아낸 뒤 전화를 걸었다. 수화기 너머로 들려오는 목소리는 O의 어머님인 듯했다. 어머니는 차분하게 자초지종을 설명하셨고, 그렇게 상황은 일단락되었다.

O의 집이 엄격했던 것일까? 아니면 스스로 뉘우치는 게 있었던 것일까? 이날 이후 O는 더 이상 나에게 말을 걸지도, 괴롭히지도 않았다. 하지만 이미 너무 많은 상처를 받은 탓인지 내 몸과 마음은 점점 더 움츠러들었고, 사람을 대하는 것이 극도로 조심스러워졌다. 그렇게 상처로 얼룩진 12월을 보낸 중학교 3학년짜리 아이는, 힘겨웠던 반장생활을 마치고 다시는 그런 일이 없을 거라고 스스로를 안심시키며 고등학교로 입학했다.

그러나 2010년 12월, '겨울이론'이 또다시 작용한 것인지, 약속이나 한 것처럼 다시 괴롭힘의 시기가 도래했다. 나는 같은 반 학우 몇 명에게 괴롭힘을 당하고 있었다. 나보다 먼저 이들에게 괴롭힘을 당했던 한 친구는, 측은한 눈빛으로 나를 바라보며 묵직한 한마디를 내뱉었다. "단체생활엔 희생양이 필요해. 여기서 넌 운이 안 좋았고, 희생양에 당첨되었을 뿐이야."

그 상황은 매우 강렬하게 내 뇌리에 박혀있어서 아직도 그 친구의 말을 잊을 수가 없다. 당시 그 말을 들은 나는 너무 어이가 없었지만, 흥분을 가라앉히고 냉정하게 자문해보았다. '그렇구나. 단체생활의 희생양… 근데 잠깐, 왜 하필 내가 희생양이 돼야 하지?'

정신을 바짝 차리고, 나는 나를 괴롭히는 학우들에게 진지하게 물어보았다. "도대체 나를 괴롭히는 이유가 뭐야?" 그들의 대답은 이랬다. "재밌으니까."

아무리 철없는 학생이라지만, 참으로 악마 같지 않은가? 두 번 다시 느끼고 싶지 않은 끔찍한 감정, 그리고 12월마다 찾아오는 비슷한 상황. 정말 미칠 것만 같았다. 그들의 괴롭힘은 기어코 내가 쓰러지고 난 후에야 잦아들었다. 그리고 불행 중 다행으로, 나를 괴롭히던 주요한 인물 3명 중 2명이 나와 다른 반으로 분리되면서 지옥 같은 학교생활을 버티기가 한결 수월해졌다. 그렇게 시간이 흐르고 가까스로 1년을 버텨낸 그 아이는, 어느덧 성인이 되어 대학교에 입학했다.

대학교 1년이 끝나갈 무렵인 2012년 12월, '겨울이론'의 끝판왕이 등장했다. 이제는 어느 누구도 아닌 나 자신이, 내 마음이 나를 괴롭히고 있었다. 나는 정말 완벽하게 무너졌다. 하지만 사필귀정, 모두 내가 강해지는 연단(鍊鍛)의 과정이었으리라.

'강약약강'이라는 말이 있다. 강한 자에게 약하고, 약한 자에게 강하다는 뜻의 신조어라고 한다. 나를 괴롭혔던 사람들은 하나같이 '강약약강'이었다. 단 한 번의 예외도 없었다. 먹이사슬의 최상층에서 군림하는 '짱'이라 불리는 녀석들은 약자에게 관심이 없었다. 이들은 약자를 건들지조차 않았다. 항상 그 '짱' 밑의 위치가 애매한 놈들이 약한 친구들을 괴롭히고 다녔다. 그들의 모습은 마치 자기보다 약해 보이는 동물을 보면 득달같이 달려들지만, 사자가 나타나면 도망치기 바쁜 하이에나를 연상케 했다.

녀석들이 왜 하이에나처럼 행동했을까? 지금은 그 이유를 정확히 알고 있다. 강약약강도 결국 그들 나름의 생존 방식이었던 것이다. 그러나 왜 내가 '희생양'이 되어야만 했는지에 대해서는 그 누구도 합당한 이유를 말해주지 않았다. 나는 존재감 없이 조용한 학교생활을 보냈고, 누군가에게 피해 주는 행동을 일절 하지 않았음에도 불구하고, 같은 반 학우들은 단지 '재밌어서' 나를 괴롭혔다. 그러나 '재밌어서'는 결코 괴롭힘의 이유가 될 수 없으며, 아무리 생각해도 납득할 수 없는 변명에 불과하다.

그러던 와중, 한 가지 의아한 현상을 포착했다. 나를 괴롭히던 녀석들이 진짜 '싫어하는' 친구들은 건드리지 못하고 있다는 사실이었다. 그들은 싫어하는 친구에게는 싫어한단 말을 하지 못했다. 기껏해야 자기 무리와 뒷담을 하는 정도였다. 왜 그랬을까? 천천히 생각해보니 너무 쉽게 답이 나왔다. 그들이 싫어하는 친구들은 '힘'이 있었기 때문이다.

이제야 모든 실마리가 풀렸다. 내가 괴롭힘을 당했던 이유, '희생양'이 될 수밖에 없었던 결정적인 이유는 '힘'을 갖지 못한 사람이었기 때문이다. 그때의 나는 압도적인 신체, 교내 입지, 인기, 나의 세력(무리 또는 집단), 싸움기술, 카리스마, 패기, 강한 정신력 등 무엇 하나 '힘'이 될 만한 것을 갖추지 못했다. 내가 머물던 교실은 약육강식의 논리가 지배하는 곳이었다. 따라서 힘을 갖지 못한 자가 희생양이 되는 것은 지극히 자연스러운 일이었다. 문득 아주 어린 시절의 기억이 떠올랐다.

아주 어렸을 적, 친척들과 모일 때마다 장난기 많은 사촌 형이 짓궂은 장난을 쳐서 나를 자주 울리곤 했다. 그 모습을 지켜보던 외할머니께서는 "동생들에게 잘하는 착한 형이 돼야지"라고 말씀하셨고, 사촌 형은 매우 예의 바르게 "네, 할머니"라고 대답하며 내 마음을 안심시켰다. 그런데 어른들이 안 계실 때마다 사촌 형은 계속 나에게 장난을 쳤다. 단단히 화가 난 나는 외할머니의 말씀을 그대로 인용했다. "동생들에게 잘하는 착한 형이 돼야지!"

순진무구했던 나는 그 말이 먹힐 거라고 생각했다. 하지만 예상을 뒤엎고 그가 뭐라고 했는지 아는가?

"지×하네."

똑같은 말이라도 힘을 가진 사람과 그렇지 못한 사람의 말은 그 무게가 다르다. 애초에 '겨울이론' 따위는 없었다. 그냥 내가 약했던 것이다. '힘'이 없었을 뿐이다. 무엇보다, 용기가 없었다. 나는 내가 만든 환상(겨울이론)을 두려워했고, 그 두려움에 파묻혔다. 내가 용기를 냈다면, 그두려움을 이겨냈다면, 아무도 나를 괴롭히지 못하도록 보다 강한 의지를 드러냈다면 그러한 상황을 막을 수 있었을지도 모른다. 지금 와서 생각하면 정말 아무것도 아닌 일인데, 그때의 나는 왜 그렇게 바보같이 겁을 먹었을까? 그들이 불가항력적인 존재도 아니고, 나와 똑같은 사람일 뿐인데 도대체 무엇이 그리도 겁났던 것일까?

그들이 나를 쉽게 괴롭힐 수 있었던 이유는 아마도 내가 '약한 모습'을 보였기 때문이었을 것이다. 괴롭힘을 당하는 사람이 자꾸만 약한 모습을 보여줄 경우, 가해자는 심리적 우위를 차지하고자 하는 본능과 지배욕이 발동하여 약자를 더욱 더 짓밟으려 한다. 그들에게 심리적 주도권을 뺏기지 않고 스스로를 지키려면, 나에게도 힘이 있음을 보여주어야 한다. 궁지에 몰린 쥐가 발악하면 고양이도 당황하기 마련이다. 설령 힘이 없다고 하더라도, '적(敵)'으로 간주되는 사람들에겐 절대 약한 모습을 보여줘선 안 된다. 그것은 내가 쥔 가장 중요한 패를 상대방에게 넘겨주고 기권을 선언하는 것과 같다. 독일의 저명한 철학자, 니체는 이렇게 말했다.

"사냥꾼도 세상을 두려워하는 순간, 토끼에게조차 업신여김을 당할 것이다."

그 시절 전교생들, 특히 여학생들에게 인기가 많았던 국어 선생님 한 분이 계셨다. 그는 험상궂은 인상과 달리 성품이 매우 인자한 분이셨는데, 어쩌면 그 반전매력이 인기의 비결이 아니었나 싶다. 그분이 수업 중에 하신 말씀이 기억에 남는다.

"인상이 더러우니까 세상 살기가 참 편해. 지하철에서도 누군가 나랑 살짝 부딪혔을 뿐인데, 대역죄를 저지른 사람처럼 죄송하단 말을 반복하더라고. 어딜 가든 나를 함부로 대하는 사람을 본 적이 없어."

선생님은 그저 우스갯소리로 하신 말씀인지 몰라도, 여기서 우리는 한 가지 중요한 사실을 알 수 있다. 외적인 모습도 '힘'이 될 수 있다는 말이다. 그분은 자신도 모르게 불특정 다수에게 '힘'을 표현하고 있었고, 그것이 자신을 지키는 하나의 '무기'가 되었던 것이다. 가끔은 이런 생각을 하곤 한다. '만약 내가 마동석이었다면, 드웨인 존슨이었다면 그때 그들이 나를 괴롭힐 수 있었을까?'

말도 안 되는 가정이지만, 생각만으로도 힘이 솟아나는 듯했다. 꼭 그렇게 엄청난 수준의 피지컬이 아니더라도 우리는 힘을 길러야 한다. '외적인 힘'뿐만 아니라 '내면의 힘'까지도 말이다.

나는 그때의 트라우마를 극복하고 외적인 힘을 기르기 위해 복싱을 배워 단증(斷證)을 땄다. 달리기, 줄넘기, 팔굽혀펴기, 등산, 찬물샤워 등도 꾸준히 해오고 있다. 그리고 최근에는 마라톤 풀코스(42.195km)를 완주하였다(다음에는 수영과 사이클을 배워 철인 3종 경기에도 도전할 생각이다). 내면의 힘을 기르기 위해서는 자기계발, 심리학, 철학, 소설, 역사에 관한 서적들을 조금씩 읽었다. 이를 통해 인생에 힘이 되는 지식을 습득할 수 있었다.

다방면의 독서는 우리 인생에 정말로 큰 힘이 된다. 작정하고 책을 읽지 않아도 괜찮다. 평소 책을 읽지 않는 사람이라도 하루에 한 장 혹은 3분 정도 짬을 내어 읽어보라. 화장실 변기 위에서, 지하철과 버스 안에서, 여행 갈 때 이용하는 기차와 비행기 안에서, 평소보다 일찍 나온 약속 장소에서, 가방 안에 넣어둔 책을 꺼내 읽는 것이다. 이런 사소한 행동이 습관이 되면 엄청난 시너지를 일으킨다. 나는 이 습관 덕분에 3년 동안 100권 이상의 책을 읽을 수 있었다.

내 방식이 꼭 정답이라고 말할 순 없지만, 당신에게도 강력히 추천하는 바다. 물론 자신만의 방식으로 힘을 기를 수 있다면 더욱 좋을 것이다. 그렇게 단련된 힘은 약자를 괴롭히기 위해서가 아닌, 나 자신을 지키기 위해 사용되어야 한다. 당신이 약자라면 당신과 당신이 사랑하는 사람들을 지키기 위해, '관개'에 휘둘리지 않기 위해 힘을 기르는 노력을 절대로 게을리하지 마라. 반드시 강해져라. 어떠한 상황에서도 쉽게 무너지지 않도록. 그리고 누군가의 '희생양'이 되지 않도록.

15

강요자들

"그대 선인장이여. 나로부터의 격렬한 포옹을 기대하기 전에. 먼저
그대 몸에 맹렬하게 돋아난 가시부터 해제해 줄 수는 없을까."
-이외수(작가)-

앞서 관계의 디폴트가 무관심이라고 언급한 바 있다. 자, 그렇다면 당신의 주변을 둘러보라. 지금 당신과 친밀한 관계를 맺고 있는 사람들은 이미 그 기본값을 훨씬 넘어선 상태다. 그들을 처음 만났을 때의 무관심은 관심으로, 그들과의 형식적인 관계는 실질적인 관계로 바뀌었다. 관심은 분명 좋은 것이다. 관심은 디폴트를 해제시키고 더 나은 관계를 만들어주는 가장 기본적인 조건이다. 애초에 타인에 대한 관심이 없다면 대화는 오래 이어지지 않는다. 보다 의미 있는 관계로 발전할 가능성도 희박하다. 그러한 관심 덕분에 그들과 지속적으로 의미 있는 관계를 이어갈 수 있는 것이다.

그러나 그들과의 관계를 계속 이어가다 보니, 미처 예상치 못한 문제

가 발생한다. 이따금 그들의 지나친 관심이 알게 모르게 당신을 압박하는 것이다. 선을 넘어버린 관심은 어느새 '간섭'으로 변질되어 버린다. 간섭은 관계를 해치는 주범이다. 간섭은 깊은 관계도 얼마든지 파국으로 이끌 수 있다. 그리고 간섭은 '강요'와도 상당히 밀접한 연관을 가진다.

진지하게 한번 생각해보자. 당신은 관심을 원하지, 간섭을 원하지는 않을 것이다. 그런데 사람들은 왜 간섭을 하는 것일까? 그냥 적당한 관심만 보여주면 될 것을, 왜 굳이 도 넘은 관심(간섭)으로 사람을 피곤하게 하는 걸까? 도대체 무엇 때문에?

의외로 답은 쉽다. 당신이 누군가의 삶에 간섭할 때의 마음속을 들여다보면 된다. 사람들은 보통 자신을 피해자의 입장으로만 생각하려는 경향이 있다. 하지만 피해자가 가해자가 되기도 하고, 가해자가 피해자가 되기도 하는 게 우리가 사는 세상이다. 누군가의 간섭으로 당신이 부담을 느낀 적도 있었겠지만, 당신의 간섭으로 누군가가 압박을 받고 있을 수도 있다는 소리다.

당신은 왜 그 사람에게 간섭했는가? 간단하다. 그 사람의 말과 행동이 '다른' 것이 아니라, '틀린' 것이라고 생각했기 때문이다. 그리고 무엇보다, 당신은 내면으로부터 당신 주변 사람들이 당신과 같은 생각을 하기를 바라고 있다.

인간관계에서 우리가 오해하고 있는 한 가지가 있다. 남들이 나와 생각이 같기를 바랄 수는 있지만 그것을 강요할 수는 없다는 사실이다. 생각이 같아서 좋을 순 있겠지만, 꼭 그렇지만도 않다. 다른 생각에서 더 나은 해결책과 생각지도 못한 개선점이 나올 수도 있다. 당신 주변에 당신과 생각이 같은 사람만 있다면, 그것만큼 위험한 상황이 없다. 나와 생각이 다른 사람이 있기에 미처 예상치 못한 상황을 대비할 수 있고, 나와 다른 인생도 이해할 수 있는 것이다.

다른 생각은 말 그대로 '다른' 생각이지 '틀린' 생각이 아니다. 나와 다름을 이해하지 못하고 상대방의 패턴을 무조건 틀린 것으로 간주할 때, 거기서 더 나아가 '간섭'을 할 때, 그래서 그들에게 피해를 줄 때, 그 것이 바로 틀려먹은 태도라는 것을 우리는 알아야 한다.

간섭에서 한 단계 더 나아가면 강요가 된다. 사람들이 반드시 내 말을 듣고 따라주어야 한다는 아주 편협한 생각이 싹트는 것이다. 그러다 자 신의 말을 거역하는 사람이 생기면 화가 치밀어 오른다. 내 뜻대로 되지 않기 때문이다. 그런데 사람은 원래 내 뜻대로 되는 동물이 아니다. 당 신이 남의 뜻대로 움직이는 사람인가? 우리는 꼭두각시가 아니다. 우리 는 각각 자유의지가 있는 하나의 개체다. 내가 자유의지가 있는 것처럼, 다른 사람도 자유의지가 있다. 그런데 내 자유는 챙기면서 다른 사람은 내 생각과 같아야 하므로 그의 자유를 제한한다면, 이것이야말로 '내로 남불(내가 하면 로맨스, 남이 하면 불륜)'이 아니고 무엇이겠는가?

이러한 사고방식을 소유한 사람들을 나는 '강요자들'이라고 부른다. 강요자들은 가장 가까운 가족일 수도 있고, 이모, 삼촌, 고모, 사촌, 친 구, 연인, 직장동료 그리고 심지어는 당신 자신일 수도 있다. 핵심은 '어 디에나(Wherever)' 그들이 존재한다는 것이다. 여기서는 내 인생에서 만 난 강요자들에 대한 경험과 그들의 특징 그리고 그들에게 대처하는 자 세를 다뤄보겠다.

1장의 '표리부동, 알 수 없는 사람의 마음'에 나온 K, 3장의 '약육강식, 약자를 괴롭히는 사람들'에 등장한 O 그리고 '강요자들'에서 다룰 U. 공교롭게도, 이들은 모두 같은 반이었다. 한 개의 반에 '실전 인간관계'를 가르쳐준 친구가 3명이나 존재했다니… 이제 와 생각해 보니 정말 감사할 따름이다. U는 한때 손에 꼽을 정도로 친했던 벗이었다. 그는 훤칠한 키와 준수한 외모의 소유자로, 학교나 학원에서 그에게 호감을 표시하는 여학생들이 제법 있었다. 그는 17살이 넘어서도 가족들과 뽀뽀를 할 정도로 애정표현이 남달랐으며, 누구보다도 화목한 가정에서 자란 친구였다. 그런 U도 학창시절에 나와 비슷한 마음의 상처를 입었다. 그 역시 또래 친구들로부터 괴롭힘과 따돌림을 당한 것이다.

여학생들이 U를 좋아하는 것과 달리, 남학생들은 U를 매우 싫어했다. 내가 주로 몇몇 사람에게 언어폭력으로 정신적 괴롭힘을 당했다면, U는 소위 일진이라 불리는 친구에게 구타를 당하기도 했다. 어찌 됐건 U와 나는 '괴롭힘'이라는 공통된 환경에 처해 있었으므로, 동병상련의 처지였다. 우리는 서로의 힘든 상황을 보듬어주었고, 꽤 두터운 우정을 쌓으며 함께 성장했다. 그렇게 힘들었던 중·고등학교 시절을 버텨낸 U와 나는, 대학생이 되어서도 꾸준히 연락하며 고무적인 관계를 유지했다.

그런데 U에게는 어릴 때부터 사람을 대하는 나쁜 태도가 몇 가지 있었다. 그는 자기보다 아래라고 생각하는 친구들을 깔보고 지적하기를 굉장히 좋아했다. 학력, 피지컬, 외모 등이 자신보다 낮다고 판단하면(어쩌면 나도 U에게 그렇게 비친 친구 중 한 명이었을지도 모르겠다), 그들을 흉보거나 훈수를 두어 자기 생각대로 바꾸려 하는 경향이 있었다. 스스로를 굉장히 우월하고 멋진 존재로 착각하여 자신이 하는 행동은 옳고, 그 행동을 이해하지 못하는 남들은 틀렸다는 생각을 가진 아주 위험한 녀석이기도 했다. 어릴 때는 나도 철이 없었던 터라 그러한 특징들을 심각하게 인지하지 못하고 넘어갔다. 하지만 나이를 먹고 개념이 차오르기 시작한 어느 시점에서부터, U의 말과 행동이 내 눈에 거슬리기 시작했다.

한번은 그가 자취하는 곳에 놀러 간 적이 있었다. 오랜만에 만나 시간이 가는지도 모르고 함께 대화를 나누다 어느덧 새벽 3시가 되었다. 모두가 잠든 조용한 시각, U가 갑자기 블루투스 스피커로 헬스장에서나 나올법한 음악을 틀며 운동하기 시작했다. 너무 피곤했던 나는 잠을 청하려고 했지만, 시끄러운 음악 소리에 잠을 이룰 수 없었다. 그래서 U에게 볼륨을 조금 낮춰주면 안 되냐고 부탁했다. 그런데 녀석은 원래 이 시간에 운동을 한다며, 음악 소리가 커야 운동할 맛이 난다고 했다. 어처구니가 없었다. 나뿐만 아니라 같은 건물에 있는 이웃들에게도 명백한 피해를 주는 행위임에도, U는 본인의 입장만을 생각했다. 그는 멀리서 온 친구가 잠을 자든 못 자든 자신의 행동을 당연히 이해해줘야 한다고 생각하는 것 같았다. 이 사건은 훗날 아랫집에서 빨간 글씨로 "한 번만 더 새벽에 음악 틀면 죽여 버리겠다"는 경고문이 U의 원룸 현관문 앞에 부착된 뒤에야 종결되었다.

이후로도 U는 계속해서 내 마음을 불편하게 만들었다. 자신의 사고방식과 행동은 반드시 이해해줘야 하는 것처럼 강요했고, 혹여 내가 그를 불편하게 하면 즉시 화를 냈다. U를 만나는 날이면 의도치 않게 헤어스타일이나 옷차림, 사소한 행동 등을 늘 평가받았다. 그리고 내 모습이 본인 마음에 안 들면 내게 훈수를 두었다. 훈수를 거부하며 불만 있는 기색을 내보이면 U는 계속해서 나를 설득하려 들었다. 지긋지긋한 마음에 신경 써줘서 고맙다고 거짓말하면 그제야 흡족한 듯 미소를 지어 보였다.

U는 있는 그대로의 내 모습을 인정해주지 않고, 항상 나를 자기 입맛대로 바꾸려 했다. 심지어는 나의 SNS 메신저 프로필 사진과 상태 메시지까지도 통제하려 들었다. 이 같은 간섭이 나의 반발심만 더 키울 뿐이라는 사실을 녀석은 전혀 모르고 있었다. 하지만 적반하장도 유분수, U는 도리어 자신의 말을 듣지 않는 나를 답답하고 못마땅하게 여겼다.

이제 당신도 잘 알고 있을 것이다. 이러한 관계에서는 항상 누군가가 쌓여있기 마련이라는 것을. 녀석의 간섭에 쌓여있던 나, 나의 거절에 쌓여있던 그 녀석. 그렇게 U와 나는 서로 쌓인 상태로 한바탕 크게 싸웠다. 싸움의 원인은 사소한 것이었지만, 그동안 서로에게 쌓여있었던 감정이 화산에서 용암이 분출되듯 터져 나왔다. 그렇게 U와의 10년 우정은 한순간에 공중분해 되었다.

관계가 깨지는 것은 언제나 가슴 아픈 일이다. 그리고 가슴 아픈 일은 언제나 우리에게 교훈을 준다. 내가 누군가에게 강요받기 싫어하듯, 남도 나에게 강요받기 싫어한다는 사실. 일부 몰지각한 녀석들은 그러한 사실을 무시하고 억지와 강요로 사람을 변화시키려 한다는 사실. 하지만 아무리 말로 다그쳐도 사람은 잘 안 변한다는 사실. 그렇게 변하지 않는 누군가를 계속 제 입맛대로 바꾸려 하면 관계가 더 악화되기만 한다는 사실. 사람들은 '틀린' 것이 아니라 그저 나와 '다르다'는 사실.

남에게 이러쿵저러쿵하는 것은 남의 자유를 침해하는 중대한 범죄에 해당한다. '독재' 혹은 '통제'와 똑같다. … 남의 자유를 막는 행위가 국가적, 사회적으로 자행되고 있는 것이 현실인바, 이것은 개인의 철없는 생각들이 모인 결과다. 사람은 누구나 자신은 옳고 남은 틀렸다고 생각하는데, 이는 특히 지성이 덜 발달된 사람들에게서 나오는 생각이다. 내가 남보다 잘났다는 생각은 전 지구인의 질병으로서, 이를 고쳐나가는 것이 교육이다.

-김승호 《사람이 운명이다》

지금껏 만난 모든 사람을 통틀어, 무언가를 강요하는 사람 중 대인배를 본 적이 없다. 내게 존경심을 심어준 사람들은 하나같이 있는 그대로의 내 모습을 인정해주는 분들이었다. 그분들은 내가 세상을 좀 더 지혜롭게 살아가기를 바라는 진심 어린 마음에 따끔한 충고를 해주셨지만, 절대로 그것을 강요하여 억지로 나를 바꾸려 하지는 않았다. 한 번 이야기한 뒤로는 그저 묵묵히 나를 응원해줄 뿐이었다. 그러한 태도에 깊은 감명을 받은 나는 그들에 대한 존경심이 더욱 깊어졌으며, 실질적 변화를 위해 힘쓰는 나 자신을 발견하기도 했다.

나는 강요가 사람을 바꿀 수 없다고 생각한다. 이는 이솝우화에 나오는 '북풍과 태양 이야기'에서도 잘 알 수 있다. 심술궂은 북풍이 세찬 바람을 불었지만 나그네는 옷깃을 더욱 꽉 움켜쥘 뿐이었다. 그러나 태양이 따스한 햇살을 비추자, 나그네는 좀 전과 달리 외투를 훌러덩 벗어던져버렸다. 이 모습을 지켜본 북풍은 자신의 경솔함을 반성하고 태양의 자세로부터 한 수 배운다. '부드러움은 능히 강함을 이긴다'는 지혜를 몸소 배운 것이다.

사실, U 말고도 내 인생에 강요와 간섭으로 점철된 인간관계는 꽤 여럿 있었다. 특정 사상을 강요하는 사람, 특정 종교를 강요하는 사람, 특정 생활방식을 강요하는 사람, 특정 꿈을 강요하는 사람, 특정 비즈니스를 강요하는 사람 등. 그들에게는 한 가지 공통된 점이 있었는데, 바로 "너를 위해서"라는 말을 명분으로 삼는다는 것이다.

"내가 이렇게까지 말해주는 건 다 너를 위해서야."
"애초에 관심도 없는 사람한테는 이런 말 해주지도 않아."

애초에 관심도 없으면 간섭조차 하지 않는다? 이 말은 논리적으로 꽤 그럴듯하게 들린다. 그러나 이 말에는 굉장한 함정이 숨겨져 있다. 그들의 실제 심리는 당신이 아닌 다른 사람에게 간섭하지 '않는' 것이 아니라, 간섭하지 '못하는' 것이다. 서로 친하지도 않을뿐더러 혹여 그런 말을 했다간 큰 실례-상대방의 감정을 상하게 하는-가 되기 때문이다. 그들의 눈에 당신은 만만한 사람이다. 만만하지 않은 사람에겐 간섭이나 강요를 함부로 하지 못한다. 혹여 그런 짓을 했을 때 득보다 실이 많다는 것을 본인들도 스스로 너무 잘 알고 있기 때문이다(강요자들은 이런 면에선 참 똑똑하다).

그들은 특히, 자신보다 사회적 위치가 높다고 판단되는 사람에게는 찍소리도 못한다. 그들은 기본적으로 인간관계를 수평관계가 아닌 수직관계로 바라보기 때문에, 언제나 자기보다 아래라고 생각되는 사람들에게만 조언한다. 물론, 조언을 가장한 '자기만족'과 '심리조종'이지만 말이다.

보통사람들은 한계라는 것을 두지만 심리 조종자에겐 그런 게 없다. 그들은 강요된 것 외에는 딱히 존중하려는 마음이 없다. 피해자 쪽에서는 "중지"를 외칠 수 없다. 피해자가 가해자를 저지하려면 자신의 거짓 자아를 '중지' 모드로 놓고 강경하고 단호하게 맞서야 한다. 다시 말해 예의범절, 격식, 원만한 인간관계를 포기할 각오를 해야 한다는 얘기다. 무엇보다도 양편 모두 만족할 수 있는 타협은 꿈도 꾸지 말아야 한다. 과감하게 맞서서 전쟁을 하고 가해자를 압박해야만 저쪽에서 물러난다.

-크리스텔 프티콜랭《나는 생각이 너무 많아》

"너를 위해서"라는 말은 그럴듯한 명분에 불과하다. 이 말 속에 숨겨진 진실이 무엇인지 알고 싶은가? 그렇다면 그들이 최근 5년간 당신의 생일을 챙겨주었는지 살펴보라. 나는 누군가를 위한다고 하는 말과 행동 중 생일을 챙겨주는 것만큼 가성비가 좋은 것이 없다고 생각한다. 자신의 생일을 진심으로 축하해주는 사람을 싫어하는 사람은 아무도 없다. 생일은 1년 365일 중 단 하루뿐인 특별한 날이다. 어머니가 날 낳아주신 날이며, 내가 처음으로 세상의 짭짤한 공기를 맛본 날이다. 누군가가 똑같은 가격의 똑같은 음식을 대접한다 하더라도, 그 날이 나의 생일이라면 더 의미 있고 더 기쁘고 더 고마울 것이다. 그런데 그렇게 멋지고 뜻깊은 날을 단 한 번도 정성으로 챙겨준 적 없는 사람이, 갑자기 "너를 위해서"라며 자신의 사고방식을 강요한다면 뭔가 좀 이상하지 않은가? 이럴 때 당신은 '의심'이라는 방패로 그들의 그릇된 태도로부터 당신의 소신이 감염되는 것을 막아야 한다.

결론부터 말하자면, "너를 위해서"라는 말은 죄다 자기 자신을 위한 말이다. 정말 당신을 위할 것 같으면 굳이 그런 말을 꺼내지 않는다. 말은 필요 없다. 진심으로 당신을 위하는 사람들은 말이 아닌 행동으로 보여준다. 강요자들은 단지 자신이 말하고 싶으니까, 입이 근질근질하니까, 내가 너보다 위에 있으니까, 당신을 깎아내려 자신의 입지와 위치를 재확인하고 싶으니까, 일종의 권력욕을 충족시키고 싶으니까, 온전히 '자기만족'을 위해 당신의 인생에 강요와 간섭과 참견을 하는 것이다 (확실히 그들은 자존감 도둑이다). 오직 그뿐이다. 다른 이유는 없다. 강요자들은 스스로의 만족을 위해 누군가의 인생에 대해 함부로 왈가왈부한다. 그들은 자신이 하고 싶은 말을 하는 것뿐이다. 그런데 많은 사람이 이들의 명분에 속고 있다는 게 문제다. '정말 나를 위해서 그런 건가?'라고 헷갈려 하고 있다는 게 가장 큰 문제다.

강요자들의 또 다른 특징 중 하나는 말에 가시가 돋아 있다는 것이다. 어릴 때 그들도 강요받는 환경에서 자랐거나, 트라우마가 있거나, 정신적으로 성숙할 기회들을 놓쳤기 때문이다(U도 이러한 케이스 중 하나였다). 알고 보면 그들은 가엾은 존재들이다. 그들도 사실 피해자였다. 피해자들의 무서운 점은 자기보다 약자라고 생각되는 사람들에게, 자신이 받은 피해를 '화풀이'라는 명목으로 되갚을 가능성을 내포하고 있다는 것이다. 사회심리학에서는 이러한 현상을 '걷어차인 고양이 효과(Kick the cat effect)'라고 부르며, 이와 같은 감정 연쇄작용을 인간사회의 보편적인 현상으로 바라본다.

그렇다면 강요자들에게 대처하는 올바른 자세는 무엇일까? 딱히 대처하는 자세라고 할 것도 없다. 그냥 거르길 바란다. 강요자들은 답이 없다. 앞에서 인용한 프랑스의 국민 심리치료사, 크리스텔 프티콜랭도 말하지 않는가? 그들과의 원만한 관계를 포기할 각오를 하고, 타협은 꿈도 꾸지 말고, 과감하게 맞서서 그들을 압박하라고 말이다. 그들은 인간관계에서 당신이 좋아하는 행동을 자주 해주는 것보다, 당신이 싫어하는 행동을 하지 않는 것이 더 중요하다는 사실을 알면서도 무시하고 있다. "당신을 위해서"란 명목으로 말이다. 정신 똑바로 차려야 한다. 그들의 '위해서'라는 말은 '위해(危害)를 가하고 싶어서'의 줄임말일 수 있다. 그들의 진짜 의도를 알아차리지 못하고 꾸역꾸역 관계를 이어가다간, '관개'의 희생양이 된 자신을 발견하게 될지도 모른다.

마음이 약한 친구들은 강요자들의 상처를 보듬어주려고 노력한다. 하지만 그것은 자기 과신에서 비롯된 어리석은 행위에 불과하다. 이러한 상황에선 당신 한 몸을 챙기기도 바쁜데, 대체 누가 누구를 돕는단 말인가. 심지어 그들은 당신을 괴롭게 하는 사람들이다. 당신이 진심으로 그들을 감싸 안을 '포용력'을 갖추고 있다고 생각하는가? 포용력은 전형적인 대인배의 마음가짐이다. 당신은 대인배인가? 아니면 대인배인 척하는 소인배인가? 앞서 말했듯 우리는 모두 소인배다. 남을 감싸 안아주기 전에 먼저 자신의 그릇부터 키우길 바란다. 정말 그릇을 키우고 싶다면 우선 당신을 방해하는 많은 것들로부터 자유(自由)하라. 올바른 환경이 당신의 인간관계를 올바른 방향으로 인도할 것이다.

당신이 중요하다. 당신의 인생이 중요하다. 그러므로 당신의 인생을 갉아먹는, 강요자들과 맺은 '관개'는 싹을 잘라버려야 한다. 당신 자신을 지키기 위해 미움받을 용기를 가지고 강요자들에 맞서라. 그들의 압박에 주눅 들지 말라. 당신이 도대체 뭘 잘못했는가? 당신에게 유일한 잘못이 있다면, 그들이 당신 곁에 머물도록 당신이 허락한 것뿐이다. 더 이상 그들이 당신의 심리를 조종하도록 허용치 말라. 올바른 관계를 위해 과감히 승부수를 띄워라.

16

너무 좋으면
위험하다

"끝내 사랑받지 못할지라도, 적어도 누군가를 미워하며 살지는 말라.
미움의 씨앗은 파멸의 지름길이니."
-강동윤(필자)-

'밸리효과(valley effect)'라는 경제학용어가 있다. 올림픽 개최국의 경기가 급격히 침체되는 현상을 지칭하며, 올림픽 후유증(Post-Olympic Slump) 또는 브이로효과(V-low effect)라고도 한다. 올림픽 개최국은 전 세계인들이 축제를 잘 치를 수 있도록 경기장, 도로, 숙박, 환경 등 국내의 각종 기반 시설들을 마련하는 데 총력을 기울인다. 이 과정에서 개최도시는 어마어마한 경제적 효과를 누릴 수 있지만, 문제는 그다음부터 발생한다. 올림픽이 끝난 후 개최도시 내 분포인구는 썰물처럼 빠져나가 투자가 줄어든다. 그리고 그에 따라 경제성장 둔화, 자산 가격급락, 국가 재정부담 등의 문제가 발생한다. 흥미로운 점은, 올림픽을 개최한 도시가 그 나라에서 경제적으로 차지하는 비중이 클수록 후유증이 더

커진다는 분석이 나왔다는 것이다.

1996년 애틀랜타올림픽을 제외하고, 1984년 LA올림픽부터 2004년 아테네올림픽까지 모두 밸리효과가 나타났다고 한다. 우리나라도 예외는 아니었다. 88서울올림픽 이후, 국민들은 경제성장률 하락과 국내 주식, 부동산시장의 급격한 붕괴를 지켜봐야 했다. 비교적 최근에 있었던 2018 평창 동계올림픽도 밸리효과를 피해갈 수 없었다.

나는 인간관계에서도 일종의 '밸리효과'가 적용된다고 생각한다. 돌이켜보면, 지금까지 거쳐 온 수많은 관계, 그리고 관계에서 받은 상처들은 관계의 깊이가 깊을수록 그리고 누군가에 대한 마음이 클수록 치명적이었다. 관계로부터 얻는 기쁨이 클수록 훗날 그 관계가 깨졌을 때 느껴야 하는 슬픔도 컸다. 설레는 마음으로 개막식을 준비하는 과정은 누군가와의 관계가 깊어지는 과정이고, 성화봉송과 함께 본격적으로 시작된 축제는 절정으로 치달은 관계를 의미하며, 폐막식 이후 침체된 경기는 식은(혹은 깨진) 관계로부터 오는 극도의 불안감, 허탈함을 닮았다. 올림픽을 치르는 과정은 드라마와 같이 발단-전개-위기-절정-결말이 뚜렷하다. 그래서인지 경기장에선 종종 드라마 같은 일들이 벌어지곤 한다. 이렇듯 한 편의 드라마와도 같은, 뚜렷함이 잘 드러나는 관계로 '사랑'만한 것이 있을까?

현재 당신이 관계 맺은 사람 중, 생각하는 것만으로도 너무 좋아서 미쳐버릴 것 같은 사람이 있는가? "그렇다"고 대답할 수 있는 상황이라면 일단은 축하한다. 그러한 사람이 곁에 있다는 것만으로도 엄청난 축복이자 행운이다. 당신은 그로 인해 진정 '살아있음'을 맛보고 있을지도 모른다. 하지만 방심하지 마라. 위기는 가장 평화로울 때 찾아오는 법이니까. 너무 좋은 그 순간이, 얼마 지나지 않아 힘든 순간으로 바뀔 수도 있고, 위험한 순간이 될 수도 있다.

힘들고 위험한 순간이라 함은, 당신이 그토록 두려워하는 '마음의 상처'를 받는 순간을 말한다. 그런데 사랑에 관해서 만큼은 당신에게 조언해줄 수 있는 것이 없다. 나는 전형적인 '연애하수'이며, 사랑 울렁증이 있는 사람이다. 무엇보다도 이성 친구와 봄, 여름, 가을, 겨울 사계절을 함께 보내며 진득하게 만남을 이어간 경험이 없다. 용기 내어 고백하고 누군가와 사귀어도, 그 만남은 언제나 오래가지 못했다. 그래서 연애를 1년 이상 이어가는 사람들이 정말 부러웠다. 1년이라는 긴 시간 동안, 전혀 모르던 사람과 깊은 관계를 만들어나간다는 것이 얼마나 어렵고 가치 있는 일인지. 아무리 생각해도 나는 '제대로', '열렬히', '죽을 만큼' 사랑해본 적은 없는 것 같다.

그럼에도 불구하고 '사랑'에 관한 이야기를 꺼낸 이유는 '제대로', '열렬히', '죽을 만큼' 짝사랑을 해본 경험이 있기 때문이다. 이러한 경험은 사랑하는 사람으로부터 피어나는 인간의 마음에 대해 진지하게 생각해보게 해주었다. 또, 훗날 내가 인생을 살아가는 데 좀 더 성숙한 사람으로 거듭나게 해준 계기이기도 했다.

죽을 만큼 짝사랑해본 적 있는 사람은 알 것이다. 사람의 마음이 얼마나 비참해질 수 있는지를. 한번 밑바닥을 친 마음은 멈출 줄 모르고 지하 깊숙한 곳으로 끝없이 추락한다. 나는 학창시절에 2번의 강렬한 짝사랑을 경험했다. 본격적으로 이성에 눈을 뜨기 시작한 무렵인 17살과 갓 성인이 된 나이인 20살 때였다. 특히, 전자는 상사병에 걸렸다고 해도 과언이 아닐 만큼 나의 상태가 심각했다. 그때의 이야기를 꺼내는 것이 매우 쑥스럽고 부끄러워 글을 쓰는 와중에도 다시 지워버리고 싶은 마음이 굴뚝같았다. 하지만 나의 이야기가 당신의 애정 어린 관계를 되돌아보는 데 조금이라도 도움을 줄 수 있다면, 마음을 내려놓고 속 시원히 이야기해보려 한다.

2009년, 풋풋한 고등학교의 신입생이었던 그때가 아직도 생생하게 기억난다. 교내에서는 소녀시대의 〈gee〉, 슈퍼주니어의 〈sorry sorry〉 등이 흘러나오고 있었고 2, 3학년 선배들은 자신들의 동아리를 열심히 홍보하며 신입생 반을 이리저리 돌아다니고 있었다. 독서, 영화, 농구, 밴드, 방송 등 분야별로 눈길을 끄는 곳이 많았지만, 같은 중학교에서 올라온 친구의 추천으로 사물놀이 동아리를 선택했다. 그리고 그곳에서 E라는 여학생을 만났다(발단).

첫눈에 E에게 반한 건 아니었다. 처음에 그 아이를 봤을 땐 그저 예쁘다고 생각했을 뿐, 딱히 특별한 감정이 일어나지는 않았다. 그러나 매주 토요일에 있는 동아리 활동과 학교에서 그 아이를 마주치는 횟수가 늘어남에 따라, 나도 모르게 기분 좋은 설렘이 느껴지기 시작했다(그 당시 〈꽃보다 남자〉라는 드라마가 한창 유행이었는데, 드라마 속 연인들의 이야기에 감정을 몰입한 것도 한몫한 것 같다). 그러다 문득, 그 아이를 생각할 때마다 내 마음이 이상하게 울렁거리고 있다는 사실을 깨달았다.

'아, 내가 이 아이를 굉장히 좋아하고 있구나.' 17년을 살면서 그렇게 확실한 감정을 느낀 적은 없었다. 언제부턴가 E를 만날 때마다 말과 행동이 어색해졌다. 그 아이에게만큼은 뭔가 잘 보여야 할 것 같고, 늘 멋있는 모습을 보여줘야 한다고 생각했던 것 같다(전개-1).

햇볕 좋은 어느 날, 조용한 수업시간에 혼자서 히죽히죽 웃고 있는 내 모습을 지켜보던 한 친구가 표정을 찡그리며 내게 물었다.

"너 변태냐? 왜 가만히 혼자서 웃고 있어?"

내 삶의 모든 초점은 오직 E에게 맞춰져 있었기에, 행복한 상상에 젖어 있다 깜짝 놀란 나는 횡설수설하며 대답을 얼버무렸다. 학교 수업은 아무래도 상관이 없었다. E의 멋진 남자친구가 되고 싶었다. 그러려면 어떻게 해야 할지 생각하고 또 생각해야 했다. 하지만 안타깝게도, E와 친해질 수 있는 방법을 몰랐다. 아니, 만약 알았다고 해도 가까운 사이가 되지는 못했을 것이다. 이성에 대한 수줍음이 지나쳐, E를 보기만 해도 그 자리에서 몸이 얼어붙었기 때문이다. 내가 할 수 있었던 건 이지성 작가의 《꿈꾸는 다락방》을 읽으며, E도 나를 진심으로 좋아하기를 간절히 꿈꾸는 것뿐이었다. 그러나 아무리 생생하게 꿈을 꿔도 현실은 좀처럼 내가 원하는 방향으로 흘러가지 않았다(전개-2).

시간이 갈수록 성적이 점점 떨어졌다. 중요한 시기에 몽상에 빠져 허우적거리는 나를 보다 못한 아버지는 한 말씀 하셨다.

"아들아, 제발 정신 좀 차려라."

소수의 친구를 제외하고는 E에 대한 감정을 아무에게도 말한 적이 없는데, 부모님은 이미 내 속을 훤히 꿰뚫고 계셨다. 그도 그럴 것이 하루 종일 가만히 앉아 미소를 짓고 있는 내 모습은 누가 봐도 정상은 아니었을 것이다. 학교를 안 가는 주말에 책상 앞에 멍하니 앉아 그 아이를 잠깐 생각했을 뿐인데, 어느새 반나절이 지났던 적도 있었다. 지금의 나로서는 잘 상상되지 않는 일이지만, 좋아하는 사람을 생각하는 것만으로 공중에 붕 떠 있는 기분을 느꼈다. 더 이상 이러면 안 된다는 것을 알면서도 정신을 차리지 못했다. 마음을 가다듬고 다시 학업에 집중하려 해도, 자꾸만 E가 생각나 아무것도 손에 잡히지 않았다(위기-1).

극심한 사랑앓이로 괴로움을 자초해온 지 어느덧 3개월이 지났을 무렵, 나는 고백을 결심했다. 결과가 어떻게 되든지 상관없이, 일단 고백하면 이 힘든 마음을 내려놓고 상황을 정리할 수 있을 것이란 판단에서였다. 태양이 작렬하는 여름의 끝자락에, 아침부터 무언가를 쓰느라고 분주했다. 러브레터였다. E와 나는 집 방향이 같아서 동아리 활동이 끝난 후 특별한 일이 없으면 함께 버스를 타고 가곤 했다. 마침 그날은 여름방학의 마지막 동아리 활동이 있는 날이었다. 내 계획은 버스에서 내리자마자 E에게 편지를 전해주는 것이었다. 그날도 그렇게 동아리 활동을 마친 뒤, E와 함께 버스를 타고 집으로 향했다. 언제나 그렇듯이, 시작은 순조로웠다(위기-2).

사람이 북적북적한 버스 안에서, 끊임없이 머릿속으로 잠시 뒤에 있을 일을 시뮬레이션하며 천천히 때를 기다렸다. 그리고 마침내 때가 도래했다. 심장이 마구 뛰고 손바닥에는 땀이 흘렀다. 너무 떨려서 고백을 다음 기회로 미룰까도 생각했지만, 칼을 뽑아든 이상 무라도 베야 하지 않겠나 싶었다. 결단을 내린 나는 꾸물거리며 망설이다 사시나무 떨듯 떨리는 손으로 E에게 정성스레 쓴 손편지를 건네주었다(정말이지 이때는 반장선거 때보다 최소 10배 이상의 용기를 내야 했다). E는 어리둥절한 표정으로 편지를 받더니, 이내 어여쁜 미소를 지으며 다정히 손을 흔들어주었다. 집으로 돌아오는 길은 지구의 중력이 반쯤 줄어든 듯 발걸음이 한없이 가벼웠다. 하지만 '너무' 좋아하는 마음을 털어낸 후의 '너무' 홀가분했던 마음은 오래가지 못했다. 보통 드라마나 영화에서는 이와 비슷한 상황에서 시청자들이 기대하는 행복한 결말을 맞이하지만, 인생은 실전이었다. 현실은 내게 "택도 없다 이 자식아"를 외치며 가슴에 비수를 내리꽂았다(절정-1).

정확히 9일 뒤, E에게서 한 통의 문자가 왔다. 나는 떨리는 손가락 끝으로 핸드폰 버튼을 눌렀다. 잠시 후, E의 마음을 확인한 나는 하늘이 무너지는 것만 같았다. 내 생에 첫 고백이 완벽하게 실패로 돌아간 것이다. E의 글에는 그 고운 심성으로 최대한 내가 상처받지 않도록 조심스럽게 쓴 흔적이 보였다. 학업 문제, 주변 상황과 같은 나를 만날 수 없는 외부적인 요인부터 나를 만나기에는 자신이 부족한 사람이라는 말까지…. 순진했던 나는 그 말을 전부 믿었지만, 아주 먼 훗날 깨달았다. 그냥 내가 남자로서 매력이 없었다는 사실을(절정-2)….

가슴이 몹시 아려왔다. 용기 내서 고백하면 힘든 마음이 한꺼번에 해결될 줄 알았는데, 그것은 완벽한 오산이었다. 고백 이후 오히려 마음이 더 힘들어진 것이다. 동아리에서 마주칠 때마다 서로 너무 어색해진 나머지 대화도 하지 않게 되었다. 속사정을 잘 아는 동아리 친구들은 이따금씩 눈치를 보곤 했는데, 나의 잘못된 선택 때문에 친구들에게 피해를 주는 것 같아 자꾸만 신경이 쓰였다. 무엇보다도, 더 이상 아무렇지 않은 듯 계속해서 E를 만나며 동아리 활동을 이어갈 자신이 없었다. 결국 나는 사물놀이 동아리를 그만두었다. 처참히 깨져버린 멘탈과 일상이 원상복귀 되기까지는 6개월이란 어마어마한 시간이 걸렸다(결말).

철없이 뜨거웠던 첫사랑의 쓰렸던 기억들도 이젠 안주거리
딴에는 세상이 무너진다 모두 끝난거다 그땐 그랬지

참 옛말이란 틀린 게 없더군 시간이 지나가면 다 잊혀지더군

참 세상이란 정답이 없더군 사는 건 하루하루가 연습이더군

-카니발(Carnival) 〈그땐 그랬지〉 가사 中

짝사랑의 밸리효과였던 것일까. 카니발의 노래 가사처럼, 차여버린 그 순간은 내 인생이 완전히 끝장났다고 생각했다. 너무나도 좋아했던 만큼 너무나도 큰 아픔을 겪어야만 했기 때문이다. 하지만 그 과정에서 내 마음을 당당하게 표현하는 법을 배웠고, 결과적으론 아픈 만큼 한 단계 더 성숙하는 계기가 되었다. 꽤 많이 성숙해버린 지금의 나는, 그때 그 시절을 정말 '안주거리' 삼아 이야기하곤 한다.

알리바바의 창업자 마윈은 "성공이든 실패든, 경험을 얻었다면 그것은 성공이다"라고 말한다. 나의 고백은 처참하게 실패했지만, 그때의 경험은 내 가슴속에 영원히 남아 돈을 주고도 살 수 없는, 죽는 날까지 잊지 못할 추억이 되었다. 당시엔 고백한 것을 무척이나 후회했지만, 지금 와서 생각해보면 그때 만약 고백하지 않았더라면 얼마나 후회했을지 아찔하기만 하다. 끝내 고백하지 못하고 흐지부지 넘어갔다면, 아마 평생의 한으로 남지 않았을까. 다시는 돌아오지 않을, 오직 10대에만 느낄 수 있었던, 아프지만 찬란했던 감정들 그리고 그러한 경험을 선물해준 E에게 진심으로 고맙다고 말하고 싶다.

물론, 그때의 고통스러운 마음을 다시 느껴야 한다면 무조건 사절이다. 추억은 추억으로 남아있을 때 아름다운 법이니까. 현재의 내가 그때

의 나에게 정말 아쉬운 점이 있다면, 지나고 보면 정말 별일도 아닌 일에 꼭 그렇게 심적으로 큰 아픔을 느껴야만 했냐는 것이다. 내가 어느 정도 감정을 통제할 수 있었더라면 일상이 완전히 회복되기까지 6개월이나 걸리지는 않았을지도 모른다. 내가 멘탈이 강한 사람이었다면 금방 다시 훌훌 털고 일어나, 금쪽같이 귀한 시간을 마냥 흘려보내지는 않았을 것이다. 나는 당신에게 이점을 꼭 말해주고 싶다. 무방비 상태로 누군가를 마냥, 그것도 '너무' 좋아하다가는 언젠가 당신의 소중한 일상이 한방에 무너질 수도 있다는 사실을 말이다. 누군가를 좋아하지 말라는 뜻이 아니다. 누군가를 좋아하면서 나 자신도 돌볼 줄 알아야 한다는 것을 말하고 있다.

짝사랑이든 연애든, 내가 누군가를 더 좋아한다면 내 행복의 통제권을 상대방에게 넘겨주는 셈이다. 이것이 꼭 나쁘다고 말할 순 없지만, 어느 정도는 마인드컨트롤이 필요하지 않을까? 통제권을 박탈당하면 언제든지 내가 무너질 수 있기 때문이다. 일방적으로 너무 좋아하는 마음을 가진 채 맺은 관계는 언제나 위험을 내포하고 있음을 알아야 한다. 위기를 대비하면서 행복을 누리는 사람과 아무런 대비 없이 열렬히 사랑하는 사람 중 위기가 닥쳤을 때 누가 더 큰 타격을 입게 될까? 우리는 좀 더 지혜롭게 사랑하는 법을 배워야 한다.

어린 날의 나는 주변의 상황과 내 마음 상태는 일절 고려하지 않고, 오직 내가 사랑하는 대상만을 생각했다. 부모님의 걱정, 학업, 미래, 소중한 시간을 다 내팽개치고 말이다. 그리고 어리석게도 그게 멋있는 것이라 생각했다. 다시 한번 말하지만, 남을 사랑하기 이전에 나 자신을 먼저 사랑할 줄 알아야 한다. 자신을 사랑할 줄 아는 사람은 어떠한 상황에서도 쉽게 무너지지 않는다. 당신이 자신을 사랑할 줄 아는 사람이라면, 당신에게 너무나도 좋은 그 순간이 당신의 인생을 망가뜨리는 위험한 순간이 될 수도 있음을 알아야 한다. 그 사실을 알아차리는 것만으로도 경각심을 가지고 행동할 수 있으며, 위기가 닥쳤을 때 스스로를 지켜낼 수 있다. 그러니 반드시 명심하라. '너무 좋으면 위험하다.'

"너무 좋으면 위험하다"는 문장을 그토록 강조하는 이유가 있다. 그런 상황들이 너무나도 많기 때문이다. 이는 비단 인간관계뿐만 아니라, 우리 인생의 전반적인 분야에 걸쳐 적용되기도 한다. 예를 들면 이런 것들이다.

#1. 한 사업가가 자신의 입맛에 딱 맞는 '너무 좋은' 거래처와 계약을 맺었다. 나중에 알고 보니 그 거래처는 사업가를 속이기 위해 거짓된 조건을 내세운 사기 업체였다. '너무 좋은' 거래를 했다고 생각한 그 순간이 사업가에겐 '너무 위험한' 순간이었던 것이다.

#2. 한 정치인이 '너무 좋은' 공약을 내걸었다. 그 공약이 이뤄지기만 한다면, 전 국민의 삶의 질이 대폭 향상될 수 있다. 그것을 믿고 그를 뽑아주었더니, 현실성이 없다는 이유로 공약을 파기해버린다. '너무 좋은' 공약은 자신이 당선되기 위한 하나의 계략이었던 것이다. 결국 국민들은 저질스러운 인간에게 지배당하는 '너무 위험한' 시기를 맞이하게 된다.

#3. 한 청년이 열심히 노력해서 그토록 원하던 직장에 합격했다. 꿈만 같은 그 순간이 '너무 좋아서' 청년은 울음을 터뜨린다. 하지만 막상 그곳에서 일해보니 자신이 생각하던 것과는 많이 달랐다. 낯선 환경에 적응하기도 힘든데, 일의 강도 또한 감당할 수 없을 정도로 버거웠다. 천국을 꿈꿨던 청년은 이곳이 진정 지옥임을 뒤늦게 깨닫는다. 자기 시간도 없이 온종일 일에 파묻혀 지내다 무언가 잘못되었음을 느낀 청년은, '다른 의미의' 울음을 터뜨린다.

#4. 한 투자가가 아주 높은 수익률을 자랑하는 '너무 좋은' 투자 종목을 발견했다. 그는 이 기회를 놓치면 안 된다고 설득하며 주변 사람들을 모두 끌어들여 꼭 한번 투자해볼 것을 권유했다. 사람들은 '너무 좋은' 수익률에 반하여 가지고 있던 목돈을 전부 그 종목에 투자했다. 알고 보니 그는 불법 투자자였고, 그의 말을 믿은 사람들은 막대한 재산을 날려 큰 손해를 입었다.

#5. 부지런히 살던 한 형제가 어느 날 복권 1등에 당첨되었다. 복권을 구입했던 형은 '너무 좋은' 기분에 취해 동생에게 당첨금의 상당 부분을 나눠주었다. 두 형제는 그렇게 깊은 우애를 다지며 잘 살아가는 듯했다. 꽤 오랜 시간이 흐른 뒤, 당첨금을 모두 써버린 형은 빈곤에 허덕이며 동생에게 돈을 빌려달라고 부탁했다. 동생은 은행대출까지 받아 형에게 돈을 빌려주었다. 그럼에도 형의 경제사정은 전혀 나아지지 않았고, 은행이자와 빚 독촉에 시달렸다. 그러던 어느 날, 동생과 돈 문제로 심하게 다투던 형은 홧김에 동생을 살해하고 만다.

위의 예시들은 전부 실화다. 이 외에도 너무 좋아서 위험한 순간은 차고 넘친다. 이렇게 보면 새옹지마나, 전화위복과 같은 사자성어가 왜 나왔는지 알만하다. 너무 좋은 상황은 그 순간에는 좋을지 몰라도 훗날 좋지 않은 결과를 가져다줄 수도 있고, 너무 좋지 않은 상황은 그 순간 잠시 힘들지 몰라도 훗날 좋은 결과를 가져다줄 수도 있다. 잘 생각해보라. 당신의 인생에도 분명 그러한 경험이 있을 것이다.

수만 명의 사례를 분석해보면 모든 사건은 항상 반전의 기회를 갖고 있어요. 중요한 시기에 주어지는 달콤한 일들이 나중에 독으로 작용하는 경우도 많고, 누가 보아도 불행한 일이 사실은 그 사람을 다시 태어나게 하는 경우도 많죠. 저만 해도 건강이 안 좋아진 시기에 생각지 못했던 깨달음을 얻어 일의 진전을 이루곤 했어요.

-이서윤, 홍주연《더 해빙》

'너무 좋은 일이 생겨도 기뻐하면 안 되는 건가?'라고 생각했다면, 당신은 내 말의 의미를 잘못 이해한 것이다. 너무 좋은 순간에 뛸 듯이 기뻐하는 것은 인지상정이다. 그 감정을 무조건 억누르라는 말이 아니다. 어느 정도 벅차오른 감정을 통제하면서 냉정하게 인생의 '다음 장'을 준비하는 자세가 필요하다는 것이다. 물론, 말처럼 쉽지 않다는 것을 잘 알고 있다. 그래서 더욱 경각심을 가져야만 한다. 지독한 짝사랑을 경험했던 나는 다시는 그런 일을 겪지 않겠다고 굳건히 다짐했건만, 3년 뒤 또 비슷한 상황을 맞이했다. 그리고 그 결과가 고스란히 우울증에 영향을 미쳤다. "인간은 어리석고 같은 실수를 반복한다"는 말이 내 상황에 딱 들어맞은 것이다. 누군가를 좋아하는 마음은 왜 그렇게 다스리기 어려운 것인지⋯. 나는 아직도 한참 멀었다.

그렇다면 너무 좋은 상황, 너무 좋은 사람, 너무 좋은 순간 등에 너무 쉽게 휘둘리지 않으려면 어떻게 해야 할까? 일단은 '너무 좋은' 그 시간이 영원하지 않음을 알아차려야 한다. 인간은 어리석기 때문에, 지금 이 순간이 오랫동안 변치 않을 것이라고 착각한다. 하지만 상황은 언제든지 변할 수 있다. 그 사실을 인지하고 있는 것만으로도, 위기가 닥쳐왔을 때 크게 당황하지 않고 상황에 맞는 유연한 대처를 할 수 있다.

두 번째로 '너무 좋은' 그 대상과 일정한 '간격'을 유지해야 한다. 즉, 내 마음에 환희를 불러일으키는 그 무언가와 적당한 마음의 거리를 두어야 한다는 말이다. 이것과 관련하여, 나의 학창시절을 통틀어 가장 기억에 남는 시 한 편을 소개하겠다. 인간관계가 늘 고민이었던 나는 처음 이 시를 접했을 때 뒤통수를 한 대 맞은 느낌이었다. 시의 제목은 〈간격〉이며, 해석은 온전히 당신의 몫으로 남겨두겠다.

숲을 멀리서 바라보고 있을 때는 몰랐다
나무와 나무가 모여
어깨와 어깨를 대고
숲을 이루는 줄 알았다.
나무와 나무 사이
넓거나 좁은 간격이 있다는 걸

생각하지 못했다.

벌어질 대로 최대한 벌어진,

한데 붙으면 도저히 안 되는,

기어이 떨어져 서 있어야 하는,

나무와 나무 사이

그 간격과 간격이 모여

울울창창 숲을 이룬다는 것을

산불이 휩쓸고 지나간

숲에 들어가 보고서야 알았다.

-안도현 시집 《너에게 가려고 강을 만들었다》

17

욕을
먹는다는 것

"사람들은 할 말이 없으면 욕을 한다."
-볼테르(철학자)-

대학교에서 있었던 일이다. 나는 학과 커리큘럼의 선택과목인 '중국 철학특강'이라는 수업을 듣고 있었다. 수업의 중반부쯤에 담당 교수님께서 학생들에게 이런 질문을 하셨다. "여러분, 모두에게 칭찬받는 사람, 그 누구에게도 욕을 먹지 않는 사람은 좋은 사람일까요? 나쁜 사람일까요?" 한 학생이 대답했다. "욕 안 먹고, 모두에게 칭찬받으니 좋은 사람 아닙니까?" 교수님께서는 고개를 저으며 이렇게 말씀하셨다. "그렇지 않아요, 학생. 만약 그런 사람이 있다면 그는 천하의 나쁜 놈입니다."

예상치 못한 대답에 학생들은 어리둥절했다. 하지만 이어지는 교수님의 설명에 다들 고개를 끄덕일 수밖에 없었다. "모두에게 칭찬받는다는 것은 도둑놈, 사기꾼, 살인자와 같은 나쁜 사람들에게도 칭찬받는다는 소리입니다. 범죄자들이 입을 모아 칭찬하는 사람이 과연 좋은 사람일까요? 또, 그 누구에게도 욕을 먹지 않는 사람은 그 누구의 비위도 상하지 않도록 온갖 아첨을 일삼는 기회주의자입니다. 이런 사람을 보고 어떻게 좋은 사람이라고 할 수 있나요?"

교수님의 말씀은 인상적이었다. 우리가 사는 사회는 욕을 먹는 사람은 잘못한 사람으로, 욕을 먹지 않는 사람은 잘못이 없는 사람으로 간주한다. 그런데 세상을 살다 보면 꼭 그렇지만은 않다는 것을 느끼곤 한다. 잘못이 없어도 욕을 먹는 경우가 있고, 명백한 잘못을 저질렀음에도 쉬쉬하며 욕을 피해 가는 이들이 존재한다. 이러한 현상을 나는 '욕설의 역설'이라고 부른다.

빈도의 차이가 있을 뿐, 사람은 살면서 누구나 욕을 먹는다. 분명 당신도 타인에게 욕먹은 경험이 있을 것이다. 그때의 마음은 어땠는가? 슬프거나, 화나거나, 두려움에 가슴을 졸이거나, 그러한 감정에 휘둘려 온종일 스트레스받지 않았는가? 나 또한 그랬다. 너무 순진해서 답답하다고 욕먹고, 재미없다고 욕먹고, 만만하다고 욕먹고, 리더십·카리스마·영향력이 없다고 욕먹고, 여드름이 많다고 욕먹고, 내성적이고 숫기가 없다고 욕먹고, 세상 물정 모른다고 욕먹고, 일 못한다고 욕먹고, 말실수해서 욕먹고, 눈치 없다고 욕먹고…. 한 가지 확실한 건, 칭찬받은 횟수보다 욕을 먹은 횟수가 압도적으로 많다는 것이다.

여기서 생각해볼 부분이 있다. 칭찬보다 욕을 많이 먹고 살아온 나는 잘못된 인생을 산 사람일까? 전혀 그렇지 않다. 이 세상에 실수하지 않는 사람은 없다. 크고 작은 실수로 욕먹는 것은 지극히 자연스러운 일이다. 게다가 사람들은 장점보다 단점을 더 잘 캐치해낸다. 누군가를 진심으로 칭찬하기보다 잘잘못을 따지고 비판하는 것을 더 좋아한다. 그러니 칭찬받기보다 욕먹기가 훨씬 더 쉬울 수밖에. 이러한 사람들의 특징을 바꿀 수는 없는 노릇이니, 결국은 우리가 욕먹는 것에 대한 인식이나 태도를 변화시켜야 하지 않을까?

사람들은 타인에게 욕을 곧잘 하면서도, 정작 자신이 욕을 먹으면 굉장히 언짢아한다. 그래서 다들 욕을 먹지 않기 위해 안간힘을 쓴다. 이러한 세태는 삶의 애환을 담은 대중가요 한 구절에서도 또렷이 드러난다.

사는 게 뭐 별거 있더냐
욕 안 먹고 살면 되는 거지

-신유 〈시계바늘〉 가사 中

물론, 애초에 욕을 안 먹으면 속 편한 건 사실이다. 그러나 모든 관계를 단절하고 산속에 들어가 살지 않는 이상, 욕을 먹지 않는다는 것은 사실상 불가능하다. 일단 이 사실을 받아들여야 한다. 사람은 실수도 하고 여기저기 부딪치며, 또 그만큼 욕도 먹으며 세상을 배운다. 욕먹는 과정은 우리가 인격적으로 성숙한 사람이 되기 위한 필수코스이자, 무언가를 이루기 위해 반드시 거쳐야 하는 통과의례다. 이것은 나만의 생각이 아닌, 역사적으로도 증명된 명백한 사실이다.

곰곰이 생각해보라. 이미 성공하여 인정받은 사람들, 인류의 발전에 이바지한 사람들, 위대한 업적을 이룩한 인물들은 그 위치에 오르기까지, 또 그 위치에 오른 이후에도 단 한 번도 욕을 먹지 않고 늘 칭찬받는 인생을 살았을까? 천만의 말씀이다. 대중에게 선한 영향력을 끼치는 유명 연예인들은 사소한 실수 한 번으로 엄청난 욕을 먹는다. 모두가 성공했다고 생각하는 대통령은 국민의 절반에게 욕을 먹는다. 비행기를 발명한 라이트형제, 핸드폰에 컴퓨터 기능을 탑재하겠다고 선언한 스티브 잡스, 백인우월주의에 물든 사회에서 흑인 인권을 주장한 넬슨 만델라는 당시 사람들에게 어마어마한 욕을 먹었다.

심지어 세계 4대 성인으로 불리는 예수, 공자, 석가모니, 소크라테스조차 반대 세력들에게 말로 형용할 수 없을 만큼의 욕을 먹었고, 또 먹고 있다. 그들이 만약 욕먹는 것을 두려워했다면, 현재의 인류가 물질적으로나 정신적으로 눈부신 발전을 이룩할 수 있었을까? 그들이 없었다면, 우리는 지금과 같은 평화와 편리함을 누리지 못했을 것이다. 나는 그들이 기꺼이 욕먹는 것을 감수했음에 진심으로 감사할 따름이다.

인생을 살면서 욕을 먹지 않으려 하는 것은, 수영을 배우면서 물에 젖지 않으려 하는 것과 같다. 인생이란 항해에서 우리들은 저마다의 목적지가 있다. 삶의 목적지로 가는 과정 중에, 우리가 탄 배는 예상치 못한 폭풍우로 언제든 뒤집힐 수 있다. 그때는 온몸이 물에 젖더라도 꾸준히 목적지를 향해 헤엄칠 수 있는 용기가 필요하다. 그런데 정말 많은 사람이 폭풍우를 만나 배가 뒤집혀 온몸이 물에 젖을까 두려워, 제대로 된 항해를 시작할 엄두조차 못 내고 있다. 하지만 기억하라. 살면서 욕을 전혀 먹지 않는다면, 무언가를 시도하지 않고 있다는 뜻이다. 인생이 정체되어 있다는 뜻이다. 내 말을 오해하지 않길 바란다. 일부러 욕먹을 행동만 골라서 하란 뜻이 아니다. 욕먹는 것이 두려워 지금 해야 할 일과 인생의 중요한 과제들을 미루고 회피하지 말란 뜻이다.

대부분의 사람들은 꼭 잘못을 해야만 욕을 먹는다고 생각한다. 그러나 '욕설의 역설'에 의하면, 특별히 잘못이 없는 사람도 때로는 욕을 먹는다. 이 경우는 누가 봐도 먼저 욕한 사람의 잘못이다. 하지만 그들의 열등감, 시기, 질투와 같은 부정적 감정이 욕을 먹는 사람에게 고스란히 전해져, 아무 잘못 없는 당사자가 잘못을 하고 있다고 착각하게 되는 게 문제다.

이러한 착각의 대표적인 예로 '악플'을 들 수 있다. 아무 잘못 없는 사람도 악플을 계속 읽다 보면 자기 자신이 매우 잘못한 사람처럼 느껴진다고 한다. 아무런 잘못도 없는 선한 사람이 악플러들 때문에 죄책감에 시달릴 수도 있다는 말이다. 너무나도 모순되지 않은가? 항해가 두려워 집 근처 앞바다조차 나가보지 못한 사람들이, 용기를 내서 인생을 항해하고 있는 사람들에게 질투가 나 "너는 그 배를 탈 자격이 없어"라고 말하며 죄책감을 심어주는 격이다. 얼마나 비겁하고 치졸한가? 이들의 흉악한 행태에 혀를 내두르지 않을 수가 없다. 정말로 안타까운 점은 인간의 본성이 살아 숨 쉬고 있는 한 이들의 욕을 막을 방도가 없다는 것이다. 그렇다면 어떻게 해야 할까? 일단은 욕을 먹는 상황이 우리를 죽일 수 없다는 사실을 알아차려야 한다.

나를 죽이지 못하는 고통은

나를 더 강하게 만들 뿐이다.

-프리드리히 니체《우상의 황혼》

　욕을 먹어서 사망에 이르는 일은 거의 없다. 단지, 욕을 먹은 우리들의 마음 상태가 스스로를 파괴하는 것뿐이다. 내 마음을 통제하지 못하면 나 자신과 '관개'가 형성된다. 이 점을 특히 주의하라. 언제나 중요한 것은 우리들의 마음 상태다. 마음 상태를 통제할 수 있다면 욕먹은 것에 대한 분노, 두려움과 같은 문제를 해결할 수 있다. 나에게 닥친 문제를 지혜롭게 해결하고 싶다면 항상 '본질'에 집중하라.

　나는 당신이 욕먹는 것을 너무 두려워하지 않기를 바란다. 단순히 욕먹는 것이 두려워 반드시 해야 하는 일을 포기하지 않았으면 한다. 그 일은 당신이 아니면 아무도 할 수 없는, 오직 당신만이 할 수 있는 일일지도 모르기 때문이다. 스스로 떳떳하다면, 욕을 먹어도 무너지지 말고 꾸준히 앞으로 나아가라. 그 과정에서 자꾸만 당신의 마음이 불안해지고 위축되더라도, 불도저처럼 앞으로 밀고 나아갈 수 있도록 단계별 3가지 솔루션을 제시하고자 한다.

　첫째, 최강 멘탈을 키워라.

　2012년에 '멘탈 붕괴'라는 단어를 처음 접했다. 그 이후 멘탈이라는 단어가 일상에서 매우 자주 쓰이고 있음을 알게 되었다. 멘탈은 요즘 시대의 핵심키워드라 할 수 있다. 따라서 우리는 멘탈을 키우기 위해 최선을 다해야 한다. 만약 당신이 사소한 일을 할 때도 욕먹는 것이 두렵다면, 일단 스스로 멘탈이 약한 사람이라는 것을 인정하자(발전은 항상 내 상태를 '인정'하는 것으로부터 시작된다는 것을 명심하라). 그리고 어떻게 하면 멘탈을 강하게 키울 수 있을지, 자신에게 맞는 방법을 고민해보라.

내 방법을 소개하자면, 첫째는 멘탈을 키우기 위해 무엇이든 일단 부딪쳐보는 것이다. 막상 부딪쳐보면 두려움이 그저 '상상'에 불과하다는 사실을 깨닫게 된다. 두려움이 두렵다면 그 두려움 속으로 뛰어들어가 두려움의 실체를 확인해보라. 생각보다 별거 아니었다는 사실을 알고 깜짝 놀랄지도 모른다.

두 번째는 "건강한 몸에 건강한 정신이 깃든다"는 말을 가슴속에 새겨놓는 것이다. 정말로 강해지고 싶다면 적어도 하루에 1번, 오직 자신을 위해 정직하게 땀 흘리는 시간이 필요하다. 가정을 위해서도, 회사를 위해서도, 범지구적 인류를 위해서도 아니다. 오로지 '나 자신'을 위해서다. 충분히 더 강해질 수 있는데도, 그렇게 누워서 게으름을 만끽하고 있는 당신의 몸에 미안하지 않은가? 그러면서 저절로 멘탈이 강해지길 바라는가?

날로 먹으려 하지 말라(내 친구들은 이러한 날로 먹으려는 마음을 '날먹 심리'라고 부르곤 한다). 더 나은 당신을 마주하고 싶다면 수고로움을 감수하고 육체를 단련시켜라. 1시간이든 30분이든, 유산소운동이든 근력운동이든 상관없다. 땀을 흘리는 게 중요하다(과도한 땀은 역효과가 나므로, 기분 좋을 정도로 적당히 땀을 흘려주는 것이 좋다). 6개월, 아니 딱 3개월 만이라도 좋으니 제발 자신을 위해 하루에 한 번 땀 흘리는 시간을 가져보라. 단언컨대, 당신은 '어제의 나'보다 훨씬 더 강해져 있을 것이다. 몸이 강해지면 멘탈도 강해진다. 몸과 정신은 연결되어 있기 때문이다. 정말이다. 내 말을 믿고 제대로 실천해보라.

세 번째는 "아는 것이 힘이다"라는 옛말을 몸소 실천하는 것이다. 멘탈을 강화하기 위한 실전지식을 쌓아야 한다(학교 공부를 말하는 것이 아니다). 멘탈에 도움이 되는 지식을 습득하면, '근거 있는' 자신감이 생긴다. 책을 읽어도 좋고, 주변의 멘탈이 강한 사람을 찾아가 배워보는 것도 좋다. 그런 사람이 주변에 없다면, 멘탈 강화에 도움이 되는 유튜브 채널을 시청하라. 무슨 채널을 봐야 할지 모르겠다면 〈박세니마인드코칭〉, 〈배해병〉, 〈석세스 코드〉와 같은 채널을 추천한다. 나는 이들을 한 번도 만난 적 없지만, 세상을 바라보는 시각이 나와 비슷하다는 점과 특유의 아우라와 매력에 반해 구독 버튼을 눌렀다(기회가 된다면 이들을 꼭 한번 만나보고 싶다). 나보다 강하고 뛰어난 사람들을 보고 배우며, '저들처럼 강해지고 싶다'는 생각이 마구 솟구쳤다. 그리고 이러한 생각은 매번 나를 고무시켜주었다.

둘째, 언제나 진실해라.

강한 멘탈은 진실을 토대로 유지된다. 아무리 멘탈이 센 사람이라도, 그가 거짓된 사람이라면 진실한 사람을 결코 이길 수 없다. 인간은 '양심'이란 게 있기 때문이다. 스스로 마음에 찔리는 게 있다면 비록 강한 멘탈을 갖추고 있을지라도 사상누각이나 마찬가지다.

"죽는 날까지 하늘을 우러러 한 점 부끄럼이 없기를." 우리에게 아주 익숙한 윤동주 시인의 〈서시〉에 나오는 첫 문장이다. 하늘을 우러러 한 점 부끄럼이 없으려면 반드시 진실한 사람이어야 한다. 진실한 사람은 부끄럼이 없고, 부끄럼이 없으면 욕을 먹어도 앞으로 나아갈 수 있다. 당신이 진실한 사람이라면 욕을 먹어도 앞으로 나아갈 내면의 힘을 가지고 있다. 진실한 사람은 마음에 거리낌이 없기 때문이다.

마크 트웨인은 말했다. "'어떻게 말할까'하고 괴로울 땐, 진실을 말하라"라고. 미국 문학의 거장인 그가 이러한 말을 한 이유가 있지 않을까? 인생은 생각보다 길다. 인생이 마라톤에 자주 비유되는 까닭은 우리의 생각보다 길어서이다. 길고 긴 인생이 지치고 힘들 때, 그래도 끝까지 우리를 나아가게 만드는 힘은 진실이라는 것을, 그도 알고 있었음이 틀림없다.

셋째, 사명감을 가져라.

영화 〈아이언맨〉의 실제 모델이자, 테슬라모터스와 스페이스X의 CEO인 엘론 머스크는 인류의 화성 거주를 기획 중인 사람이다. 라이트 형제가 그랬던 것처럼, 그는 동시대 사람들에게 '허황된 꿈'을 꾸고 있다고 엄청난 욕을 먹고 있다. 심지어 그는 자신의 우상이었던 미국의 우주 영웅들-인류 최초로 달에 착륙한 닐 암스트롱을 포함한다-에게도 비난받았다. 한 인터뷰에서 그는 그것이 매우 슬픈 일이라며 눈물을 흘렸지만, 자신의 뜻을 결코 굽히지 않았다.

많은 이에게 비난을 받으면서도 그가 자신의 뜻을 밀고 나갈 수 있게 만든 원동력은 무엇일까? 바로 사명감이다. 엘론 머스크는 인류의 미래는 지구가 아닌 화성에 있다고 굳게 믿고 있다. 그는 화성에 반드시 인류를 위한 도시를 건설하겠다는 사명감을 가진 인물인 것이다.

사명감은 멘탈의 끝판왕이다. 진실하고 강한 멘탈을 소유한 사람이라도 간혹 극한환경에서 무너지는 경우가 있다. 사명감이 확고하지 않기 때문이다. 그런데 보통사람들이 사명감을 가지기는 매우 어려운 일이다. 이것을 가지려면 드라마틱한 일을 겪고 대오각성해야 하는데, 평범한 우리들의 인생엔 그런 일이 좀처럼 찾아오지 않기 때문이다. 그러나 꼭 드라마틱한 일을 겪지 않아도, 인생에서 가장 본질적인 결핍을 발견해낼 수 있는 사람이라면, 그 결핍을 메꾸기 위한 자신만의 충분한 사명감을 가질 수 있을 것이다.

사명감을 가지고 있다면 욕먹는 일은 대수가 아니다. 내가 쓰고 있는 이 글도, 나와 생각이 다른 사람들에게 욕먹을 수 있음을 안다. 그런데 그게 뭐 어쨌단 말인가? 서점에 나가보면, 알맹이 없는 겉핥기식 위로를 보내고 괜찮지 않은 사람에게 괜찮다고 말하는 획일화된 에세이 책이 판치고 있다. 나는 사탕발림하는 말로 허울 좋은 소리를 늘어놓는 책이 아닌, 직접 겪은 생생한 경험담을 바탕으로 사람과 세상과 관계에 대해 실질적인 조언을 해주는 책을 읽고 싶었다. 하지만 당신도 알다시피 그런 책을 찾기란 여간 어려운 일이 아니다. 그래서 내가 직접 책을 쓰기로 했다. 지금 이 순간에도 잘못된 인간관계로 몹시 고통 받고 있는 친구들에게, 진심을 담아 쓴 글로나마 도움을 주고 싶었다. 그들이 나와 같은 시행착오를 겪지 않길 간절히 바란다. 분명 이 세상 어딘가에는 나의 경험을 담은 글이 꼭 필요한 사람이 있을 것이라 생각한다.

"한 영혼이 천하보다 귀하다"는 말이 있다. 단 한 사람의 영혼이 이 세상 전체를 합한 것보다 귀하다는 말이다. 그러므로 이 책이 단 한 명에게라도 가치 있는 양식이 될 수 있다면, 나는 그것으로 만족한다. 그리고 그 한 명이 바로 당신이길 바란다. 나의 글이 당신에게 자그마한 도움이 될 수 있다면 정말로, 정말로 기쁠 것이다.

18

진정한 친구는
존재할까

"풍요 속에서는 친구들이 나를 알게 되고, 역경 속에서는 내가 친구를 알게 된다."
-존 철튼 콜린스(문학 비평가)-

〈야인시대〉라는 드라마를 알고 있을 것이다. 이 드라마는 2002년 7월에 처음 방영되어 이듬해 9월에 종영한, 장장 124회에 걸쳐 김두한의 일대기를 그려낸 국민 대하드라마다. 최고 시청률이 무려 57%였으니, 수많은 사람이 동시간대에 앉아 같은 프로그램을 시청한 셈이다. 우리나라 방송역사에 한 획을 그은 이 작품은 근 20년이 지난 오늘날까지도 종종 회자되며, 여전히 많은 사람의 기억 속에 남아있다.

야인시대가 방영될 당시 내 나이는 10살이었다. 주인공이 성장하며 차례차례 악당들을 물리치는, 마치 도장깨기와 비슷한 전개와 화려한 액션 신에 반해버린 나는 이 드라마에 흠뻑 빠져들었다. 그중에서도 오랫동안 내 머릿속에 각인된 강렬한 장면 하나가 있다. 바로 김두한과 그의 둘도 없는 친구였던 정진영이 서로 적이 되어 총을 겨누었던 장면이다. 어린 날의 내겐 그 장면이 매우 큰 충격으로 다가왔다.

나는 극의 초반부부터 그들이 어떻게 성장해왔는지를 생생히 지켜봐왔다. 김두한에게 용맹(勇猛)이 있었다면, 정진영에게는 지모(智謀)가 있었다. 이 둘은 어릴 때부터 갖은 고생을 하며 그 누구보다도 두터운 우정을 쌓아온 물과 물고기와 같은 관계였다. 그랬던 그들이 철천지원수가 되어버린 것이다. 둘의 관계가 변화되기까지는 수많은 과정이 있었겠지만, 당시의 나는 그런 것들을 이해할 수 없었다. 다만 베스트 프렌드(best friend)도 경우에 따라서는 워스트 프렌드(worst friend)가 되기도 한다는 사실이 커다란 충격이었다. 김두한과 정진영의 사례는 진정한 친구란 과연 어떤 존재인가에 대해 깊이 생각해보게 만들었다.

도대체 진정한 친구란 무엇일까? 그런 친구가 이 세상에 존재하기는 하는 걸까? 당신에게는 진정한 친구가 있는가? 만약 그렇다면, 그 친구와의 관계가 당신이 죽을 때까지 영원할 것이라고 확신하는가?

진정한 친구에 대해 논하기 전에, 먼저 '진정한'이라는 단어에 대해서 짚고 넘어가야 할 것 같다. 나는 종종 〈법륜스님의 즉문즉설〉 영상을 시청하곤 한다. 영상에 등장하는 사람들은 우리와 같은 평범한 사람들이다. 그들은 우리가 평소에 궁금해하는 것, 누구나 한 번쯤 생각해볼 만한 것, 머리로는 알지만 말로는 표현하기 어려운 것들을 질문한다. 어떤 난해한 질문에도 척척 대답하는 법륜스님과 그 답에 정신이 번쩍 들어 감동을 받거나, 당황스러워하는 질문자들의 반응이 영상의 포인트라 할 수 있다. 삶의 지혜가 담긴 그 숱한 영상 중에 아주 인상적이었던 영상 하나가 있었다. 한 질문자가 누구나 한 번쯤 생각해봤을 법하지만, 명확한 답을 내리기 힘든 질문을 던졌다. 그는 법륜스님에게 이렇게 물었다. "스님께서는 삶의 진정한 가치가 무엇이라고 생각하십니까?"

　예상치 못한 무거운 질문에 청중들은 모두 숨을 죽였다. 나는 이 질문에 법륜스님이 어떤 혜안을 들려줄지 무척이나 궁금했다. 보통사람들은 쉽게 답할 수 없는 질문임에도, 법륜스님은 단 1초의 망설임 없이 이렇게 즉답하였다.

　"'진정한' 이런 말부터 대번 사이비입니다. 참기름을 그냥 참기름이라 하지, 진정한 참기름이라 하지 않듯이 '진정한'과 같은 말은 가짜 냄새가 솔솔 납니다. 그러니까 진정한 가치가 뭐냐 이런 말도 별로 좋은 말은 아니에요. 우리가 누군가에게 피해를 주지 않고 혹여 피해를 준다면 그런 행위를 바로잡는 기본적인 가치만 있으면, 인간이 살아가는 데 있어서 어떤 게 옳은지 어떤 게 나쁜지 그렇게 너무 따질 필요가 없어요. 왜냐하면, 삶은 자유로운 것이기 때문이에요. 질문자님은 진정한 가치 같은 말에 너무 현혹되어서 그러한 질문을 하는 것입니다."

　우문현답이었다. 법륜스님의 말씀은 청중들과 내 무릎을 탁 치게 만들었다. 당신과 나를 포함한 이 세상 사람들은 진정한 무언가에 너무 심취되어 있는 게 아닐까. 그는 계속해서 즉답을 이어갔다.

　"다람쥐도 잘 살아요, 안 살아요? 다람쥐가 삶의 진정한 가치가 뭔지 알아서 살아요? 그냥 살지. 다람쥐가 겨울에 뭐 먹을 거 없다고 자살하는 거 봤어요? 사는 걸 좀 간단하게 생각하면 사는 게 굉장히 쉬워져요. 다람쥐도 잘 사는데 사람이 왜 못 살겠어요. 근데 다들 너무 머리를 많이 굴리고 생각이 복잡해가지고 자살하는 사람도 생기고, 남을 죽이는 사람도 생기고. 그리고 전쟁 일으키거나 뭐 하는 사람들 전부 거창한 걸 주장해요, 안 해요? 그러니까 그런 말 너무 믿으면 안 돼요. (머릿속에) 다람쥐를 한 마리 키우면서, '다람쥐도 즐겁게 사는데 왜 내가 즐겁게 못 살겠냐' 이렇게 생각하시면서 사시면 돼요."

우리는 항상 '진정한' 무언가를 찾으려 한다. 진정한 꿈, 진정한 여행, 진정한 행복, 진정한 사랑, 진정한 우정 등. 그런데 진정한 무언가를 바라면 바랄수록 인생은 피곤해진다. 진정함은 사람을 피곤하게 만든다. 그리고 이 진정한 무언가는 너무 거창하다. 나는 가족들과 외식을 할 때 반드시 진정한 식당에서 진정한 음식을 먹지 않는다. 그건 너무 어렵기 때문이다. 그저 식당의 맛과 서비스가 평균 정도만 돼도 다 같이 즐거운 시간을 보내기에 부족함이 없다. 그것만으로도 충분히 가치가 있는 것이다.

생각해보라. 당신은 학창시절 진정한 부모의 진정한 지원 아래, 진정한 학교에서 진정한 선생님께 진정한 교육을 받은 뒤, 진정한 집에 와서 진정한 휴식을 취하고 또다시 진정한 내일을 위해 진정한 이불을 덮고 진정한 잠을 자는 사람이었는가? 인생의 모든 것이 '진정'하다면 생각만 해도 피곤할 것 같지 않은가? 진정함은 평범한 우리의 일상에 너무나도 거룩한 단어다. 그러므로 진정한 친구를 운운하는 것은 썩 좋은 태도는 아니다. 사람들은 진정한 친구가 아니어도 '그냥 친구'를 사귄다. 그러다 소셜코드가 안 맞으면 관계가 멀어지고, 잘 맞으면 서로 교류하며 각자 알아서 잘 살아간다.

보통의 사람들은 어떠한 일을 흑백논리로만 이해하려는 경향이 있다.

우리는 어릴 때 컵에 물이 반 정도 차있는 것을 보고 어떻게 생각하도록 배웠는가? '물이 반밖에 안 차 있네'와 같은 생각은 부정적이니, '물이 반이나 차있구나!'라고 생각하라고 배웠다. 하지만 둘 다 아니다. 물은 그저 물일뿐이다. 물이 부족한 것 같으면 좀 더 채워 넣으면 되고, 넘칠 것 같으면 다른 컵에 옮겨 담으면 된다. 컵에 물이 차 있으면 감사한 마음으로 그저 물을 마시면 된다. 굳이 물이 어떻게 차 있는지 따질 필요가 없는 것이다. 그런 것들을 하나둘 따지기 시작하면 우리의 머리만 복잡해진다. 함께 즐거운 시간을 보낼 수 있고 내 이야기를 진심으로 들어주는 친구가 있다면, 그것만으로도 굉장히 고마운 일이다. 그가 진정한 친구인지 아닌지를 애써 따질 필요가 없는 것이다.

나는 굳이 '진정한 친구' 같은 존재는 없어도 된다고 생각한다. 좀 더 구체적으로 말하자면, 내가 사귀는 친구가 꼭 '진정'해야 할 필요가 없음을 느낀다. 진정한 친구를 바라는 마음의 기저에는 친구로부터 정신적·물질적 이득을 취하려는 심리가 깔려있다. 솔직히 그렇지 않은가? 당신이 생각하는 진정한 친구는 당신이 슬플 때 항상 위로와 격려를 아끼지 않고, 당신이 힘들 때마다 곧바로 달려와 당신을 달래주고, 당신이 기쁠 때는 진심으로 축하해주며 언제나 당신을 감동시키는 존재가 아닌가? 이것이 보통사람들이 생각하는 '진정한 친구'의 기준이다. 이 기준이 잘못된 이유를 눈치챘는가? 자세히 보면 친구의 모든 행위가 '나'에게로만 초점이 맞춰져 있다.

이기적인 우리는 항상 남이 나에게 뭔가를 해주기만 바란다. 내가 남을 위해서 무엇을 해줘야 할지 생각하는 태도를 가진 사람은 드물다. 친구는 당신의 노예가 아니며, 영웅은 더더욱 아니다. 자랑스러운 당신의 친구도 서 있으면 앉고 싶고, 앉아 있으면 눕고 싶고, 누워있으면 자고 싶은 평범한 사람이다. 만약 당신이 진정한 친구를 원한다면 당신이 먼저 그 친구의 진정한 친구가 돼주어야 한다.

지구 최고의 베스트셀러라고 불리는 성경책에는 이른바 '황금률(黃金律)'이라는 것이 나온다. 역사적으로 수많은 성경학자가 오랜 시간에 걸쳐 성경을 연구해왔는데, 방대한 양의 메시지를 단 한 문장으로 압축했을 때 그것은 어떤 내용인가를 묻는 세상의 질문에 그들은 신약성서의 한 구절을 내놓았다. 사람들은 그것을 '관계의 황금률'이라 부르며, 그 구절은 다음과 같다.

무엇이든지 남에게 대접을 받고자 하는 대로 너희도 남을 대접하라

-마태복음 7장 12절

앞 장에서 나에게 3명의 친구가 남아있다고 말했다. 나는 이들이 진정한 친구인지 아닌지 모른다. 꼭 진정해야 할 필요도 없고, 이들에게 진정함을 바라지도 않는다. 그렇기에 더더욱 '진정한'이란 형용사를 경계한다. 그리고 앞서 말했듯 이 형용사는 너무 거창해서 부담스럽다. 부담을 덜기 위해 나는 '진정한'을 대체할 단어를 찾아냈는데, 그것은 마법의 단어, '괜찮은'이다. 진정한 친구 대신 괜찮은 친구, 진정한 여행 대신 괜찮은 여행, 진정한 인생 대신 괜찮은 인생으로 바꾸는 것이다. 어떤가? 꽤 괜찮지 않은가?

분명한 것은, 나와 관계 맺은 벗님들이 모두 멋지고 배울 점이 많으며 사람 냄새가 나는 꽤 괜찮은 녀석들이란 점이다. 이들과 함께 보냈던 소중한 시간이 이를 자연스럽게 증명해주었다. 지금의 내 생각과 다르게, 훗날 그들이 그리 괜찮은 친구가 아닌 것 같다는 생각이 드는 순간이 와도 크게 실망하지 않을 것이다. 왜냐하면, 그들이 나에게 괜찮은 친구가 아니었다면, 나도 그들에게 괜찮은 친구가 되어주지 못했다는 뜻이기 때문이다.

누군가 나에게 진정한 친구가 있냐고 물어본다면 나는 이렇게 대답할 것이다.

"글쎄요. 친구가 꼭 진정해야 할 필요가 있을까요? 만약 진정한 친구를 바란다면, 그 이전에 제가 먼저 누군가의 진정한 친구가 되려고 노력할 겁니다. 하지만 솔직히 그럴 자신이 없네요. '진정한'이라는 단어에는 평범한 제가 감당할 수 없는 심오함과 거창함이 묻어있으니까요. 제가 누군가의 진정한 친구가 되어줄 자신이 없으니, 마찬가지로 저도 진정한 친구를 원할 자격이 없겠죠. 그러나 말을 들어주는 것만큼은 그 누구보다도 자신 있습니다. 그래서 저는 누군가의 '진정한' 친구는 못될지언정, '경청하는' 친구는 돼줄 수 있습니다. 그러므로 진정한 친구와 같이 부담이 팍 느껴지는 거창한 관계가 아닌, 그저 오랜만에 만나 치킨에 맥주를 한잔 기울이며 허심탄회한 이야기를 나눌 수 있는 친구가 있다면, 그것만으로도 충분합니다."

　경상남도 함양의 '백암산'이라는 곳을 오를 때의 일이다. 우울증을 극복한 뒤에도 꾸준히 산에 오르던 나는 해발고도 621m의 정상을 향해 올라가고 있었다. 고도는 그렇게 높은 편이 아니었지만, 길이 가파르고 산세가 험하여 중급자도 올라가기에 꽤 애를 먹을법한 산이었다. 거친 숨을 내쉬며 표지판을 따라 정상에 올라가던 중, 사람 다니는 길이 맞나 싶을 정도로 험한 길이 나왔다. 방향을 보면 분명 정상으로 가는 길이 맞는데, 우리가 흔히 생각하는 '등산로'로 보이는 길이 아니었다. 당황한 나는 옆에 있던 어르신께 길을 여쭤보았다. "저기 어르신, 이 길이 백암산 정상으로 가는 길이 맞습니까? 길이 너무 험한 것 같은데 제대로 된 길은 없나요?"

　땀을 뻘뻘 흘리며 숨을 고르던 나를 보며, 70대 후반으로 보이는 어르신은 이렇게 대답했다.

　"이 길이 뭐가 험하다고 그려? 사람 사는 게 더 험하구먼. 조금만 올라가면 정상이 코앞인디, 새파랗게 젊은 사람이 뭐가 무섭다고 삥 돌아가려는 거여?"

순간 온몸에 소름이 쫙 퍼졌다. 그렇다. 사람 사는 게 더 험하다. 지금 내가 산을 오르는 이유도, 험한 세상에 치인 지친 마음을 달래기 위해서가 아니었던가? 어르신의 촌철살인에 두 손이 절로 공손해졌다. 어르신은 곧이어 방금 전과 달리, 매우 친절하게 나뭇가지로 흙바닥을 그으며 현재 나의 위치와 앞으로 가야 할 길을 세세히 알려주었다. 그리고 이렇게 덧붙였다.

"요새 젊은 사람들이 너무 쉽고 편한 길로만 가려다 보니 인생에 어려움이 닥쳤을 때 단번에 무너지는 거여. 힘들고 어려운 길을 가야 사람이 왜 사는지를 알게 돼야. 근데, 자네는 백암산도 모르는 걸 보니 여기 사람이 아닌가 보구먼?"

이후 어르신은 10여 분 동안 당신께서 살아오며 겪은 삶의 교훈을 말씀해주셨다. 나는 하나도 허투루 듣지 않으려 자세를 낮추고 귀를 기울였다. 그의 말에 세상을 대하는 곧은 심지와 삶의 애착이 담겨있음을 느꼈기 때문이다.

어르신의 말씀대로, 험하게 보이는 길을 따라 조금 걸어 올라가다 보니 정상으로 직행하는 등산로가 나왔다. 만약 그 길이 무서워서 다른 길로 가려 했다면 시간은 시간대로 잡아먹고 빙빙 돌아가서 더 고생했을지도 모른다. 그렇게 정상에 오른 기쁨을 맛본 나는, 집으로 돌아와 이 책의 마지막 퍼즐을 맞추고 있다.

세상을 살다 보면 인간관계에서 오는 트러블, 마찰, 복잡 미묘한 감정들이 한 번에 섞여 올라올 때가 있다. 당신도 알겠지만, 그러한 순간은 정말로, 정말로 괴롭다. 누군가는 그런 상황과 괴로움 자체를 느끼고 싶지 않아 세상과 단절하고 산속으로 들어가 살거나, 작은방에 홀로 갇혀 지내기를 선택한다.

그들은 그것이 스스로를 위한 최선의 선택이라 생각하지만, 실은 그들도 알고 있다. 마음속 깊은 곳으로부터 간절히 사람을 그리워하고 있다는 사실을. 세상 밖으로 나가 자연스레 만난 사람들과 좋은 관계를 맺으며 살고 싶어 한다는 것을. 하지만 여전히 그들은 세상이 무섭다. 서툴고 험하고 불편한 인간관계가 무섭다. 나는 그들에게 말해주고 싶다. 나도 무섭다고. 그래도 용기를 쥐어짜서 사람을 만나야 한다고. 미지의 세계로 나아가야 한다고. 그것이 바로 당신과 내가, 그리고 인류가 살아 있는 이유라고.

"혼자 있으면 외롭고, 같이 있으면 괴롭다"는 말처럼, 인간관계에는 고통이 뒤따를 수밖에 없다. 하지만 아이러니하게도, 그러한 고통과 괴로움이 있기에 우리는 기쁨과 즐거움을 더욱 진하게 느낄 수 있다. 관계로부터 오는 고통을 포기하는 것은 관계로부터 오는 행복 또한 포기하는 것과 마찬가지다. 우리는 반드시 이 점을 명심해야 한다. 인간관계에 있어 절대 안정성이란 없다. 오랫동안 믿었던 사람이 하루아침에 뒤통수를 치고 도망갈 수도 있고, "저거 사람 못 돼"라는 말을 들을 정도로 답이 없는 사람이 개과천선하여, 어느 날 내가 어려움에 처했을 때 생각지도 못한 도움을 줄 수도 있다.

내 결론은 이렇다. '관개'를 맺든, '관계'를 맺든 이 세상을 살면서 배신을 당하고, 깨지고, 치이고, 뒹굴고, 처박히고, 긁히고, 나가떨어지고, 한이 맺히고, 서로 원망하고, 사이가 틀어지고, 돌이킬 수 없는 실수를 저지른다 해도, 그래도 우리는 사람을 만나야 한다. 아리스토텔레스의 말처럼, 우리는 사회적 동물이기 때문이다.

일단 사람을 만나라. 별거 없다. 너도나도 모두 같은 사람이며 남다르지 않은 소인배다. 많은 사람을 만나고 많은 경험을 하다 보면 자연스럽게 알게 된다. 어떤 관계가 내 인생을 좀먹는 '관계'인지. 어떤 관계가 진짜 가치 있는 관계인지. 그것을 판단하는 안목을 기른 당신은 보다 가치 있는 관계에 집중하게 될 것이다. 가치 있는 관계에 온전히 집중할 수 있다면, 당신의 삶은 정말로 경이로워질 수 있다.

지금까지 내 첫 책을 읽어주신 독자 여러분께 감사의 말을 전하고 싶다. 보다 나은 삶, 보다 나은 일, 보다 나은 관계로 당신의 일상에 꾸준한 행복이 깃들기를 바라며, 책을 읽는 자세에 대한 나의 개인적인 견해를 밝히고 이야기를 이만 마치도록 하겠다.

무슨 내용인지 알고 싶다면 '한 번' 읽어라.

전보다 수월하게 읽고 싶다면 '두 번' 읽어라.

미처 발견하지 못한 뼈있는 문장을 찾아내려면 '세 번' 읽어라.

저자의 의도와 가치관을 온전히 이해하려면 '네 번' 읽어라.

내용을 완전히 흡수하여 내 것으로 만들고,

실제 삶에 융통성 있게 적용하고 싶다면 '다섯 번 이상' 읽어라.

나는 이 책이 당신의 인생에서, 적어도 3번 이상 읽히는 책이 되기를 소망한다.

2020년 11월

강동윤

관×개

초판 1쇄 인쇄 2020년 11월 05일
초판 1쇄 발행 2020년 11월 12일

지은이 강동윤
펴낸이 류태연
편집 박해민 | **디자인** 김민지 | **마케팅** 이재영

펴낸곳 렛츠북
주소 서울시 마포구 독막로3길 28-17, 3층(서교동)
등록 2015년 05월 15일 제2018-000065호
전화 070-4786-4823 **팩스** 070-7610-2823
이메일 letsbook2@naver.com **홈페이지** http://www.letsbook21.co.kr
블로그 https://blog.naver.com/letsbook2 **인스타그램** @letsbook2

ISBN 979-11-6054-415-2 03190

이 책은 저작권법에 따라 보호를 받는 저작물이므로 무단전재 및 복제를 금지하며,
이 책 내용의 전부 및 일부를 이용하려면 반드시 저작권자와
도서출판 렛츠북의 서면동의를 받아야 합니다.
이 도서의 국립중앙도서관 출판예정도서목록(CIP)은 서지정보유통지원시스템
홈페이지(http://seoji.nl.go.kr)와 국가자료종합목록 구축시스템
(http://kolis-net.nl.go.kr)에서 이용하실 수 있습니다. (CIP제어번호 : CIP2020046680)

* 잘못된 책은 구입하신 서점에서 바꾸어 드립니다.